唐瑞裕著

文史哲學集成

# 清季天津教案研究

文史哲出版社印行

國家圖書館出版品預行編目資料

清季天津教案研究 / 唐瑞裕著. -- 初版. --
臺北市：文史哲，民 97.09 印刷
頁： 公分.（文史哲學集成；276）
參考書目：頁
ISBN 978-957-547-195-8 (平裝)

1.中國 – 歷史 – 清穆宗（1862-1874）

627.79 82001211

文史哲學集成 276

# 清季天津教案研究

著 者：唐 瑞 裕
出 版 者：文 史 哲 出 版 社
http://www.lapen.com.tw
e-mail：lapen@ms74.hinet.net
登記證字號：行政院新聞局版臺業字五三三七號
發 行 人：彭 正 雄
發 行 所：文 史 哲 出 版 社
印 刷 者：文 史 哲 出 版 社
臺北市羅斯福路一段七十二巷四號
郵政劃撥帳號：一六一八〇一七五
電話886-2-23511028 · 傳真886-2-23965656

實價新臺幣二五〇元

中華民國八十二年（1993）二月初版
中華民國九十七年（2008）九月 BOD 初版一刷



ISBN 978-957-547-195-8

# 清季天津教案研究　目次

壹、前　言……一
貳、西元一八七〇年前基督教在中國傳教的波折……三
一、基督教傳入中國……三
二、清初禁教的原因……三
三、鴉片戰爭後傳教事業的發展……七
四、中國人民反基督教的原因……一三
(一)中國舊秩序難容基督教傳教事業……一三
(二)中國傳統儒家思想駁斥基督教……一三
(三)傳教事業的侵略性質引起反感……一四
(四)中國地方官紳的反教……一五
(五)中國人民以強烈種族偏見導致反教……一六

叁、天津教案發生的原因……一九
一、遠　因……一九
㈠天津地理位置的特殊……一九
㈡天津無業之徒聚集易釀事端……二〇
㈢百姓對仁慈堂疑慮重重……二一
㈣各省檄文揭帖未加剖辨明白，徒增百姓反感……二三
二、近　因……二三
㈠張拴、郭拐迷拐幼孩一案……二三
㈡武蘭珍迷拐幼孩牽涉教堂一案未決……二三
肆、天津教案的經過……二五
伍、天津教案的查辦及審訊……三一
一、教案的查辦……三一
二、教案的審訊……六六
㈠審訊天津府縣等原任官弁……六六
㈡審訊天津教案內各犯……一一八
陸、天津教案的善後事宜……一二七

一、教案的賠償及撫卹……一二七
二、派特使崇厚出使法國……一二八
柒、結　論……一三九
附　錄……一六一
一、天津教案死難洋人國籍表……一六一
二、天津教案定案擬辦罪犯表……一六二
三、天津教案賠償及撫卹銀兩分配及指撥表……一六二
四、天津教案大事記……一六三
五、參考書目……一六六

# 序

孔子曰：「夏禮吾能言之，杞不足徵也；殷禮吾能言之，宋不足徵也，文獻不足故也，足、則吾能徵之也」。以孔子之博學，而感文獻不足，難以知夏殷之制度。自鴉片戰爭後，海禁大開，與歐美日本諸國交涉頻繁，而民國以來研究外交史者雖不乏其人，然清代檔案率扃藏深宮官府，民間罕睹，故有所論述，多以外國所發表之文件爲依據，欲求其議論持平，實亦難乎哉！民國十九年（一九三〇）北平故宮博物院以所藏清內府寫本，光緒年間官方依據檔案編輯之道咸同三朝籌辦夷務始末二百六十卷影印傳佈，繼之廿二年（一九三三）曾任軍機章京之王彥威及其子王亮所抄錄軍機檔案中涉外資料，經過整理編輯，名曰「清季（光宣兩朝）外文史料」排印發行，治近代外交史者始得據以考研中外交涉事實之眞象。惟是內府所藏檔案汗牛充棟，二書輯錄雖富，然所遺仍多。方「籌辦夷務始末」開始出版之初，時蔣廷黻先生執教南開大學，授中國外交史，獲悉清軍機檔藏弁大高殿，乃經常前往檢閱，兩年之間錄得道咸兩朝爲籌辦夷務始末未收之資料達兩千件，除以一部份編入所輯印之「近代中國外交史資料輯要」外，稿藏清華大學圖書館，哈佛大學費正清教授嘗錄副攜往美國。五十四年（

一九六五）中央研究院近代史研究所將錄副之本整理出版，名曰「籌辦夷務始末補遺」。故宮移運臺灣之軍機檔案雖非全部，猶盈二十萬件，其中涉及外交事件而爲前述出版之三書未收者，尚所在多有。唐君瑞裕考編檔摺之餘，採擷其中有關天津教案之資料，輔以史著，而撰此書。天津教案之發生及結束雖歷時未久，賴曾文正之折衝處理，終未肇啓戰端，而曾氏以辦理此案而遭謗議以去，亦近代史上一大事。年前，唐君出版所著清代吏治探微，余嘗序其耑。茲唐君撰此書成，欲余再序之，余於近代史實所知有限，不敢妄詞，惟嘉其勤，樂爲序引。

中華民國八十二年二月孝感昌彼得瑞卿謹識

# 清季天津教案研究

## 壹、前　言

清代咸豐同治兩朝內憂外患加逼，成爲中國多事之秋。在內憂方面㈠洪秀全起事於道光卅年（西元一八五〇），直至同治三年（西元一八六四）六月十六日曾國荃拔金陵，而洪秀全則早已病死（註一），太平天國亡。㈡同治四年（西元一八六五）捻匪侵擾北方，僧格林沁戰歿，捻匪分東西二脈，相繼於六年、七年被平定。㈢道光廿五年（西元一八四五）回疆七和卓木作亂，回人於同治五年陷伊犁稱亂，陝西回匪於同治八年平定，而雲南、甘肅的回亂直到同治十二年（西元一八七三）才獲平定。㈣同治九年（西元一八七〇）七月二十七日張汶祥刺殺兩江總督馬新貽（註二）。在外患方面㈠自道光廿年（西元一八四〇）鴉片戰爭起到道光廿二年（西元一八四二）中英訂立南京條約，中國遭受帝國主義侵略由此而起。㈡咸豐六年（西元一八五六）「亞羅號事件」發生，七年英法聯軍廣東，八年陷大沽，旋訂天津條約以和。十年英法聯軍經天津入北京，咸豐帝避難熱河，再訂天津續約以和。㈢民教滋事案件頻繁：1.咸豐五年（西元一八五五）水師統領彭玉麐率兵勇毀江西望江樓下教堂，時天津新議未成，法人及傳教士不敢阻也。2.咸豐八年（西元一八五八）廣西西林縣知縣張鳴鳳將法國傳教士馬神父論法處死，法人以爲口實，與英國命師入犯，成爲英法聯軍之役。3.同治元年（西元一八六二）法教士羅安當在江西南昌傳教，楚（湖南湖北）之紳士撰寫公檄痛詆該教不敬祖宗，並謂其藉宣講爲名，裸淫婦女及其他種種奸惡，描寫盡致。公檄流傳入江西，羅教士請詰主者，招南昌會試生童拆去教堂，搗毀習教之所，形成江楚教案。4.同治元年教士文乃耳至貴州，夾沙龍地方團民强迫文乃耳等隨同祭賽，不從，團衆各抱不平，即擁文乃耳至州署，貴州開州知州戴鹿芝受團民强迫處死法教士文乃耳及教民英貞相等。法公使哥士耆（Kleczkowski）諠譁於朝廷，同治四年提督田興恕爲此才發往新疆效力。其他四川酉陽一帶歐斃教士等教案層出不窮。

民教滋事案件，雖起於民間反對西教的輸入，但燒毀教堂，殺戮教士教民卻直接妨礙中國對外發展關係，更產生政治經濟軍事文化各方面的影響；而在內憂外患不絕的咸豐同治兩朝中便極具重要性。在所有民教滋事案件中影響最大，而且殺戮外國人最多的，要算是同治九年（西元一八七〇）五月二十三日所發生「天津教案」了。「天津教案」相關史籍記載紛繁，缺少較有系統的整理，筆者乘任職國立故宮博物院之便，根據故宮博物院所藏清代文獻檔案：如宮中檔奏摺，軍機處的錄副奏摺，上諭、實錄等第一手史料，並參考相關籌辦夷務始末，比較研究尙不難明瞭其事實的直相。特撰寫「清季天津教案研究」一文就教於專家學者。

# 貳、西元一八七〇年前基督教在中國傳教的波折

## 一、基督教傳入中國

基督教東來中國，自唐太宗貞觀九年（西元六三五），景教的傳教士阿羅本來到我國長安宣教開始。天主教在元世祖至元三十年（西元一二九三），也曾傳入中國，並在成宗大德十一年（西元一三〇七），在北京大都成立總主教區，並在福建的泉州設立主教區。揚州和杭州等地也都有天主教方濟各修會的會院和傳教士，致力福音的傳揚。隨著元代的覆亡和明朝的建立，基督的福音在華停止流傳約有一百八十餘年之久。直至晚明嘉靖、萬曆年間，天主教的耶穌會，多明我會，奧斯定會和方濟各會的來華傳教士像沙勿略，范禮安，羅明堅，利瑪竇等，才把福音再度傳入中國。自此以後基督教會（包含天主教及基督教）在中國便一直賡續著，並沒有再中斷過。

## 二、清初禁教的原因

明代中期後，中西海道大通，耶穌會士絡繹東來，或任職於欽天監，或供俸內廷，以學術爲傳教媒介，西學遂源源輸入；凡天文、地理、曆法、算學、物理、化學、醫學、美術、建築等各類西學，均經傳教士傳入中國。滿清建國後，耶穌會士轉而爲清廷効力；而天主教各教派傳教士亦接踵來華，人數亦日益增加。據後來顧保鵠先生的統計：自清世祖順治七年（西元一六五〇）至清聖祖康熙三年（西元一六六四），全國教友增至二十五萬四千八百人。康熙三十四年（西元一六九五），在中國傳教的耶穌會士共有三十八人，內中西班牙籍道明會士九人，奧斯定會士五人，巴黎外方傳教士六人，方濟各會士十六人。康熙四十年（西元一七〇一）耶穌會士便有五十九人；內中方濟各會士二十九人，道明會士八人，奧斯定會士六人，外方傳教士十五人，而聖堂會口計有二百五十處。（註三）清聖祖非常喜愛西學，屢頒諭旨要臣工查訪西洋人，凡有技藝的傳教士，俱令進京効力。當時最有名的三個耶穌會士是南懷仁，張誠和白晉。清聖祖都曾向他們學習算學。康熙四十八年後陸續由廣東送京的傳教士有龐嘉賓（精於天文），石可聖（巧於絲律）、林濟各（善於做時辰鐘表）、魏哥兒（會刨製藥物）、德瑪諾、孔祿世（曉天文）；其餘進京効力的西洋人甚爲踴躍（註四）。當時東來的傳教士，都具有宗教熱忱的飽學之士與抱道之君子，他們以學術爲傳教的手段，借此以與社會領導人物的士大夫接近，爭取他們的同情與合作。傳教士的努力相當成功；起初耶穌會士利瑪竇，在明季四十年中，利瑪竇贏得了有卓識的知識分子徐光啓、李之藻、楊廷筠、周子愚等的信服，徐光啓、李之藻、楊廷筠、周子愚等，承認他們所講之學，多華人所未道，虛心接受，政府當局亦予以相當優遇，並有時招改任使。

清順治、康熙時期，重視曆算研究，並重用西人。順治二年（西元一六四五）朝廷正式頒行新曆，改名「時憲曆」並加題「依西洋新法」五字。並以西人湯若望掌管欽天監印。但當時反對西法之論並未消失，這樣新舊曆法的爭議，自順治十四年迄康熙八年，曆算學者莫衷一是。幸而康熙帝力排眾議，於康熙八年，命大學士圖海率西洋人南懷仁及監管多人，共赴觀象台測驗，結果證明西法正確。乃下詔澄清疑竇，這樣西曆西學便水漲船高了。清聖祖重視西學並善遇西人，曲賜優容。耶穌會士德里格等上書教宗格來孟第十一的原文中指出：「西洋人在中國，皇上聖德俱一體同仁，并不分何國何會，感恩養榮耀。」清聖祖在乾清宮西暖閣召見耶穌會士時，曾面諭西洋教士白晉，雷孝思等稱：「西洋人自利瑪竇到中國二百餘年，並無貪淫邪亂，無非修道，平安無事，未犯中國法度。自西洋航海九萬里之遙者，爲情願効力。朕恩軫念遠人，俯垂矜恤，以示中華帝王不分內外，使爾等各獻其長，出入禁庭，曲賜優容致意，爾等所行之教與中國毫無損益。」（註四）由於明末清初之際，西洋教士之來中國者，常以調和方法，從事宣傳。爲了順從中國的禮俗，對於教徒的祀祖、祭孔、敬天均不禁止，并以天與天王來稱上帝；但是方濟各會（Francisans），多明我會（Dominicans）等派則斥爲不當，遂向教皇誣奏稱：「天主教宣教師，對於中國之教義寬容，以求彼一身之榮耀，而出賣基督教。」早在明思宗崇禎十五年（西元一六四二），道明會士黎玉範對中國祀祖祭孔祭天禮儀發生異議，親至羅馬教庭進呈意見書。康熙四十三年（西元一七〇四）十一月二十日教宗格來孟第十下令禁止敬孔祭祖禮儀。次年四月初六日，教宗派遣教使圖爾曩（多羅）（Tournon）爲中國禮儀問題攜教皇密旨往中國北京，抵北京後多羅駐西安門內之天主堂，當謁見清聖祖時，聖祖優遇甚隆，教皇親授之密旨卒未發表：蓋因教旨所云，適與中國之思想相反，想惹起清廷之惡感。適時南京總主教墨克羅（Maigrot）嚴禁基督教信徒，崇拜祖先，因此被清廷放逐回國。至是，圖爾曩乃以自己名義，摘要公布，大致排斥清帝對於神學的意見，令教士不從教皇命令者即退去。康熙四十六年清聖祖怒圖爾曩抗命，捕送澳門，使荷蘭人監視之，遂病死於獄。西元一七四二年（清高宗乾隆八年）教皇俾尼狄克，發表教令重申禁止天主教徒祭祖祭孔之前令。於是中國天主教徒，遂不得再行崇拜祖先之儀式，傳教問題因生非常影響。中國社會制度，因與崇拜祖先有密切關係，爲避免民教衝突之愈烈，清廷遂不能不加以制止。康熙時，清廷許在京傳教，而各省開堂傳教例仍禁止。然各省私設之天主堂並未諭毀，傳教事業並未中斷，清聖祖於康熙五十九年（西元一七二〇），一度表示除了「會技術之人留用」，其餘傳教之人，俱令教王使臣帶回，「以後不必西洋在中國行教。禁之可也，免得多事。」

清廷於雍正元年（西元一七二三）正式頒布禁教明詔，所有的西洋人，除了在京効力的人員外，一律送往澳門，各地天主堂均改爲公廨、祠廨或義學。這是因爲天主教徒參加了當時宮廷的政治鬥爭；康熙晚年，聖祖的皇子爲了爭奪大位，各樹黨羽，耶穌會士則站在皇八子允禟皇十四子允禵一邊而與皇四子允禛（即后來的清世宗）對抗。如爲允禟向川陝總督年羹堯游說的穆敬遠爲葡萄牙人，從中拘煽的宗室蘇努父子又均爲天主教徒。加之教士散佈內地各省，顯有「邀結天下人心，逆形已成」的跡象，而清世宗又是一位治尙嚴明的君主，所以即位之後便嚴行禁教了（註五）。到了雍正七年閏七月二十五日，大學士馬爾塞等遵旨寄信密諭各省督撫澈底查辦禁教事件。直省督撫接奉寄信上諭后即札飭各府州縣密查。並將天主堂改爲育嬰，義學，公所或改建爲天后宮。但傳教士冒險深入內地傳播福音者仍絡繹不絕，內地民人入教者亦極衆多。據統計：雍正十二年（西元一七三四）在北京領洗者有一一五七人；領聖體者有七二〇〇人。雍正十三年（西元一七三五）江南省領洗者有一〇七二人（註六）。清高宗，本爲排外而仇教之帝王，所以容教士在宮中者，純爲其一己之用，如修理鐘表者，偶營造圓明園而測繪輿圖，製作自動機器及圖繪人物，彈奏西洋樂器。教士們爲求減輕各省之教難，偶有潛入內地傳教而被逮者時，在宮中的教士亦可進一言而獲赦。總之，道光鴉片戰爭前，清廷雖屢頒諭旨查辦教案，然紳民與教徒衝突案件，實所屬罕見。清初國勢鼎盛，中央政權相當鞏固，中外國際關係，並未簽訂不平等條約。當時西洋傳教士富于宗教熱忱，冒險犯難，以傳播基督福音，並未恃條約爲護身符，其傳教事業固未摻入侵略性質，尤不至於威脅到地方縉紳的尊嚴與權益。傳教的持續完全由於中國人的認可與支持，有些教士甚至去探尋基督教與中國儒家調和的可能性。故各省查出的教徒中，出身生監者不乏其人。

## 三、鴉片戰爭後傳教事業的發展

鴉片戰爭後，中英兩國於道光二十二年七月二十四日（西元一八四二年八月廿九日）締結中英修好條約，即所謂南京條約者也，二十三年八月十五日訂虎門條約，實等於南京條約之續約，自是中國五口通商。港口之開放，次第實施。自南京條約分佈後，美利堅、法蘭西兩國，都特命全權公使向中國要求締結和約。道光二十四年六月中美條約於澳門成立。九月中法條約於黃埔如例成立。上述四種條約中，除通商之點內容相同外，外國裁判權及居留地制度，亦包括於此條約之內。爾後清朝與各國締結之約，亦多緩例包括在內。如南京條約已含有洋人可於居留地發生關係之規定，其第二條內容如下：

「一、自今以後，大皇帝恩准英國人民帶回所屬家眷，寄居沿海之廣州、福州、廈門、寧波、上海等五處港口，貿易通商無礙……。」（註七）這一條可以解釋成，中國皇帝准許英國人民攜帶所屬家眷，寄居廣州、福州、廈門、寧波、上海等五口並通商貿易無礙。此已打破了中國從來僅限於廣州一港對外通商之例。從此外國人於五口取得自由居住貿易之權。「居住貿易」，自然可以解釋包有得於該處取得土地或租借土地以建築房屋，得購買或租借建成之房屋，及得爲禮拜堂，或爲其他日常生活所必要之設備等事。此仍後日之居留地也。而在五口通商章程中，所謂「雙方會審，各依本國法律治罪」。這是中國裁判權之讓出的開始。同時中國與美法締結條約，更詳加規定。總之，中英南京條約非但這是中國在國際法上失權的開始，更是默許外人在港埠宣教，也視同開放教禁；雖然中國內地傳教仍然被禁止，但由於條文規定，傳教士（外國人）亦少有危險，如發現外國人進入商埠以外地區，只不過護送至最近領事館而已。便別無轇轕了。這是鴉片戰後的初期情形。

法國自西元一八四〇年代（道光廿年）始，便以羅馬天主教團之戰士和保護者自居。鑒於天主教傳教士及教徒的危險處境及並不是完全自由的傳教事業，法國曾圖在前項條約中加入一條宗教寬容的文字，但未成功，由於談判者的努力卻得到兩項諭令，對傳教有很大的方便：㈠道光廿四年（西元一八四四）兩廣總督耆英，奏請給于天主教傳教並信教自由的奏文和清宣宗的硃批。耆英的奏文節略：「……今據弗朗濟使臣喇嗜呢（Theodore M. M. J. de Logren）（一八四四—一八四六），請將中國習教爲善之人，免罪之處，似屬可行。應請嗣後，無論中外民人凡有學習天主教，並不滋事行非者，仰懇天恩准予免罪；如有誘污婦女，誆取病人目睛，仍蹈前轍，及另犯別項罪名者，仍照舊例辦理。至弗朗濟及各外國習教之人，只准其在通商五口地方，建堂禮拜，不得擅入內地傳教，倘有違背條約，越界妄行，地方官一經拿獲，即解送各國領事官管束懲辦，不得遽加刑戮，以示懷柔，庶良莠不致混淆，而情法亦昭平允。所請將習教爲善之人，免其治罪之處，理合恭摺具奏，仰祈皇上恩准施行，謹奏。」道光二十四年十一月十九日奉到清宣宗硃批，依議欽此。十二月二十五日，頒咨到蘇。（註八）並於次年下諭云：「道光二十五年，奉旨交部，議准。海口設立天主堂，華人入教者，聽之，欽此。」（註九）㈡道光二十六年，清宣宗更出諭查還康熙年間各省舊建之天主教堂，並重申允許信教自由的旨意：「道光二十六年正月二十五日奉上諭，前據耆英等奏，學習天主教爲善之人，請免治罪，其設立供奉處所，會同禮拜，供十字像，論經講說，毋庸查禁，均已依議行矣。天主教既係勸人爲善，與別項邪教迥不相同，業已准免查禁。此次所請，亦應一體准行。所有康熙年間各省舊建之天主堂，除改爲廟宇民居者，毋庸查辦外。其原舊房屋，如勘明確實，准其給還該處奉教之人。至各省地方官授奉諭旨後，如將實在習學天主教，而並不爲匪者濫行查拏，即予以應得處分。其有藉教爲惡，及招集遠方之人，勾結煽誘。或別教匪徒，假託天主教之名，藉端滋事，一切作奸犯科，應得罪名，俱照定例辦理。仍照規定章程，外國人，概不准赴內地傳教，以示區別，將此諭令知之，欽此。」（註一〇）基于條約及上諭敕令給予基督教（天主教和新教）於西元一八四〇及西元一八五〇年代傳教很大的方便，來華天主教神父的數目有相當地增加。西元一八四三—一八五七年間，僅天主教耶穌會就派來了五十八名新傳教士，而其他教派也復興重振了。基督教雖然在中國仍處於薄弱的法律地位；但已有更多的建樹，且在中國內地的天主教比訂約前，享受到更多的行動自由。

十九世紀中葉，法國基於本國帝國主義之發展要求及在華天主教教會所施予的壓力相結合，給法國外交作了實際對中國政策的指南。後因英國對中國修約要求及亞羅號事件發動對華軍事侵略戰爭，而法國卻藉口咸豐六年正月廿四日（西元一八五六年二月二十九日）廣西省有一名法籍傳教士馬神父（查普德連 P'ere Auguste Chapdelaine）被殺案，在法帝拿破崙三世，正欲耀武揚威，遂藉爲「聖教」立功，以博取全法人之擁護，斷然與英國聯盟，參加自咸豐七年至咸豐十年的英法聯軍之役。戰爭結束，法國得到最大的利益是天主教傳教的利益。中法天津條約的第十三款（咸豐八年議定，咸豐十年批准）規定天主教教士在中國傳教修行的自由，中國人民有信教不受罰的權利，並正式廢除反對外國宗教的命令。其內容：「天主教原以勸人行善爲本，凡奉教之人，皆全獲保佑身家。其會同禮拜誦經等事，概聽其便。凡按第八款備有蓋印執照，安然入內地傳教之人，地方官務必厚待保護。凡中國人，願信崇天主教而循規蹈矩者，毫無查禁，皆免懲治。向來所有或寫或刻奉禁天主教各明文，無論何處，概行寬免。」（註一一）中法續增條約（北京條約）（咸豐十年九月十二日簽訂）第六款；重覆提及天主教會，有關傳道和建堂，更重要的是天主教傳教士被允許在各省租借，購買土地並於其上任意建造建築物，條約內容中文本云：「……應如道光二十六年正月二十五日上諭；即頒示天下黎民；任各處軍民人等，傳習天主教，合講道建堂禮拜，且將濫行查拏者，予以應得處分。又將前謀害奉天主教者之時，所充之天主堂、學堂、塋墳、田土、房廊等件，應賠還交法國駐紮京師之欽差大臣，轉交該處奉教之人。並任法國傳教士，在各省租買田地，建造自便。」（註一二）中法北京條約後，清廷於咸豐十一年十一月初二日（西元一八六一年十二月三日）頒諭，命令各地方官員，對待中國教友不得歧視，其內容：「咸豐十一年十一月初二日奉上諭，嗣後各該地方官，於凡交涉習教事件，務須查明根由，持平辦理。如習教者果係安分守己，謹飭自愛，則同係中國赤子自應與不習教者一體撫字，不必因習教而有所苛求。各該地方官，務當事事公平，分別辦理，以示撫綏善良之至意。欽此」。（註一三）

法國爲了平息中國習教之人不願攤派祈神演戲賽會等項費用，據法國欽差全權公使布爾布隆（一八五一——一八五七）（一八六〇——一八六二）的照會內稱：「……前此各省所以辦理交涉習教事件辦理不協之故，皆因民間祈神演戲賽會等費，向非教民所應出，乃該地方官務令習教與不習教一律攤派，教民心實不願，請行令各該地方官，以後勿再攤派。並據面稱傳教士皆係端方之人，謁見地方官，務須予以體面等語。」（註一四）同治元年三月初六日總理各國事務衙門奏明有關地方官所交涉教民事件請旨各節一摺，奉旨「均著依議行」該摺內云：「……臣等業已行文各省，以後凡習教之人，於一切應出錢文之事，除正項差徭外，其餘祈神演戲賽會等費，該教民既不願與不習教者一律同出，即可免其攤派。至於請傳教士謁見地方官，務須示以體面一層，傳教士係外國推重之人，地方官自應待以體面，亦經行令各督撫轉飭照辦。茲復據法國欽差大臣布爾布隆聲稱，各省接奉前次諭旨，並總理衙門咨文後，於凡交涉教民事件，仍未能恪遵辦理。臣等查各省地方官辦事每多拘泥，法國欽差大臣布爾布隆所稱，於接奉諭旨及臣衙門咨文後，未盡認眞辦理。此等情形恐亦勢所不免，應再請旨，飭令各督撫整飭地方官，務照前咨於凡交涉教民事件，務須迅速持平辦理，毋得意爲輕重。亦毋得故爲遲延，致令教民屈抑。」（註一五）清廷並依據中法天津條約的規定，將中國從前所奉禁止天主教各文件，查明一律革除。嗣後如修大清律例，不再增刊此等奉禁明文，並將舊例所載全行刪去。是故此後天主教在華的傳教事業日形繁盛發達，直到清末，就靠著前述的條約，上諭、咨文以及其他增補的協定，和地方官員的護教告示所維持著。傳教的自由雖然獲得官廷和法律上的保障；但天主教的傳教事業並未想像中的順利，同治九年五月二十三日（西元一八七〇年六月廿一日）天津教案發生前，由於民教相爭的原因，根深蒂固，沒有澈底泯除，教難仍賡續發生著，自西元一八五〇年（道光三十年）至西元一八六九年（同治八年）間的十九年中，約計天主教司鐸們被殺的有十五人，信友們被殺、失蹤、或是被拘禁的約有數百人。

## 四、中國人民反基督教的原因

### (一)中國舊秩序難容基督教傳教事業

基督教教士到中國來的目的，無非在宣揚其基督教的文化，更企圖改變或重整中國傳統的文化。為了達成這一目標，傳教士唯有勸誘中國人皈依基督教；而堅決放棄中國人的舊秩序—中國人的文化。對中國人來說他們公然打破中國人的舊習，違背了中國文化。因此毋寧說大多數的中國人不能容忍基督教教士的基督教方式。也可以說大多數傳教士不能容忍中國文化；中國人入教者被要求放棄許多中國人的生活舊秩序，例如道佛等異教信仰與禮拜，鴉片煙販賣與吸食，中國民俗節慶，星期日作工，蓄妾，及最重要的祖先崇拜。於是天主教徒形成了與中國同胞疏離、分隔、及孤立的一群。中國人為了維護中國的舊秩序、舊文化，因此要仇教反教。

### (二)中國傳統儒家思想駁斥基督教

儒家思想是中國傳統思想的主流，兩千年來一直支配影響著中國的社會，一般讀聖賢書的士大夫，都尊奉儒家思想為正統，認為世界上沒有其他任何思想與學說可以和儒家相比，何況基督教對於人生與社會同樣具有指導與支配的性質與能力。因此基督教在中國展開傳播的時候，自然招致中國士大夫和一般百姓的駁斥反對。認為保衛國家民族文化，即在保衛此一儒教道統，因而排斥基督教。更何況基督教的義理與節文有許多地方和中國人的習俗大相逕庭，以中國人看來幾已淪入禽獸之域，為保存中華數千年一脈相承的衣冠文明，一般自認有繼承與化民重任的士大夫，自然要奮起對基督教加以嚴厲的駁斥。他們尤其對基督教禁止崇拜偶像、不祭祀祖先一事，更是深惡痛絕，猶如自絕其本也，本去則枝葉未有不害者。在當時中國人來說，基督教徒眞「異於禽獸者幾希！」

### ㈢傳教事業的侵略性質引起反感

#### 1.查還教堂教產的煩難

傳教士在地方上濫用條約上的特權，如他們因受傷害或財產損失自中國政府取得滿意的賠償，引起普遍不滿。咸豐十年（西元一八六〇）初期，天主教充分利用北京條約法文本第六款重覆提及中國先前所有被浸收的宗教及慈善設施歸還天主教的承諾：「以前自天主教搶去的教會學校、公墓、土地、建築物，必須還給法國在北京的代表接管以轉達給失主。」方濟會的神父甚至要求補償過去百年中的房屋和土地租錢。天主教士更經常索取對中國人具象徵意義的公共建築物：如學府和寺廟作為賠償。由於這種過份要求，給國人困擾的深重煩難，更為外人教士所不易體會的。

#### 2.教士態度傲慢及行為偏差引起官紳反感

天主教教士憑藉條約所付予的特殊地位，為贏取人們信仰天主教，而廣泛地干涉地方行政及司法事務的行為，其實這樣吸收來的教徒往往是最不守法的人，甚至恃法國對天主教的保護偏袒此輩利益的教會，遂激起了中國官方及非教徒的深切仇恨。中國教徒的自大，有時甚至肆無忌憚的行爲；有的中國教士身穿外國衣服，乘著轎，得意洋洋的衝進衙門辦理教會事務，且利用其與外國關係從事對非教民敲詐勒索，並拒絕納稅。每當教徒與非教徒涉訟時，部份傳教士則給予教徒依賴支持並獲得保護。由於傳教士能在衙門裡產生相當大的影響，因此教士不時有是非顚倒差別待遇和曲護自己教徒事件。而教徒與普通中國人之間的摩擦也愈加激烈。教民勢焰愈橫；平民憤鬱就愈甚。

### 3.外人以武力保護傳教事業

基督教士，在中國因外國使用武力而獲得條約保障傳教，故稱爲「條約傳教士」，他們並憑藉條約，享有治外法權，不僅不受中國官吏的管束，更漠視地方紳士的勢力存在，而他們所恃的就是外國武力作後盾。於是保護傳教的砲艦政策，便成爲列强在華保持與擴張利益使用武力政策的一部份。法國對華傳教事業屢次使用武力威脅。最爲强烈如同治五年的酉陽教案及江寧、南陽查還舊堂等案。法國使臣伯洛內（Henry de Bellonet 1865—1866）一再向總署及地方官恐嚇，隨時可派兵船到四川或往南京攻打，即可迅速佔領，拘拿要犯，更換要員，並指責中國辦理外交不當的警告，十足顯現其以武力作後盾的傳教政策。（註一六）本來傳教事業應該用和平手段，克使華人心悅誠服，實不該用槍砲來强迫他人接受，甚至以欺壓政府爲能事。這種以武力政策作後盾的傳教事業自然引起中國人普遍的仇視與不滿。

## ㈣中國地方官紳的反教

中國到十九世紀末期，無論政府機關或地方社會，一般領導階級仍然是士紳，而一般士紳所接受或秉持的中心思想都是儒家的傳統和價值觀訓練。當西洋傳教士爲了打擊中國社會的保守主義—儒家思想，認爲孔子是改變中國人信仰的最大敵人。爲此傳教士就將所有怒氣多出在孔子的傳人士紳的身上。傳教士批評士紳假仁假義，虛情矯作，沽名釣譽。自然士紳也劇烈的怨恨傳教士。傳教士創辦孤兒院並從事災荒救濟，習慣上中國社會服務工作是由士紳擔負的。傳教士在中國內地享有治外法權，對中國法律的免責權，較士紳階級以往所曾享有猶大，這些具體的侵權行爲已經觸怒了中國士紳。更何況傳教士接受教育，能讀能寫，以往這些都是中國士紳身分最特殊的標誌，同時傳教士從事講道著書，更是對中國士紳的侮辱。基于上述種種原因，中國士紳著手以檄文、宣傳書、小冊子等企圖用以造成反教的深仇大惡的氣氛，以驅逐洋人洋教。

### ㈤中國人民以強烈種族偏見導致反教

西方人怪異行爲和相貌，使他們在中國人中非常特殊，基于大多數的中國人與西方人也少有或根本無個人間的交往的緣故，並將傳教士視同一個群體，而不視爲個人，以偏蓋全。並且將傳教士視同禽獸及惡魔時，也只有驅逐一途了。再加上傳教士，教徒的自大及肆無忌憚的行爲，迫使地方及中央政府左右爲難；同情反教則清朝廷將受外國武力進逼，國家則受到屈辱，而自己個人則可能遭受降級或其他處分；否則侵蝕了地方官員的權威成爲社會士紳的敵人。這也助長了種族偏見反教的原因。

上述五種反教原因的激盪，形成日益嚴重的反教衝突，蔓延於中國各地，大小型的教案層出不窮。自西元一八六〇年至西元一九〇〇年，地方上結辦的教案不下數千，嚴重到需要政府高階層的外交處理也有數百件之多。同治九年（西元一八七〇）天津教案的爆發，是教案中傷亡人數最多而影響最巨大的。

# 叄、天津教案發生的原因

天津教案之所以發生，除了上述中國人民反教原因的主導之外，更有它特殊形成原因，玆依遠近因分述於后：

## 一、遠　因

### ㈠天津地理位置的特殊

天津位於清直隸省（河北）東部海河兩岸，跨五河入海之會口，除本身是華北第一大都會，工商業均極發達外，更是華北最大之吞吐貨物口岸，宿爲中國的大貿易商港士紳。近代華洋雜處，一般市民知識更爲開通。英法聯軍之役，親見洋人的鑑艇耀武揚威，並於咸豐十年的北京條約中增闢天津爲通商口岸。本來中國人心對洋人早已不滿，再加上教會獲得允准在通商口岸擁有土地。天津一地天主教所有建築物範圍廣闊—至少有法國教堂一處，公館一處，仁慈堂一處，英國講書堂四處，美國講書堂二處這些是天津教案時被焚毀的房屋。洋人在天津擁有土地、建築物，益使人心仇視洋人敎士。

柯保安先生（Cohon）著〔中國與基督教〕（China and christionity "the missionary movement and the growth of chinese antiforeignisrm, 1860—1870"）第九章天津屠殺"The TIENTSIN CATASTROPHE"也有這樣的敘述：

天津是一個通商港口，座落在北平的東南，在北運河與白河的交匯處，是一個較中國其他各城市更容易爆發事情。西元一八五八年（咸豐八年）商訂屈辱條約，從一八六〇年至一八六三年英法軍隊在這裡佔領，離開後仍有一份遺憾的情愫，尤其對法國人更加怨恨：㈠法國有力人士佔領昔日王府成爲領事館。㈡法國傳教士在西元一八六九年六月將中國廟宇鏟平建立莊嚴並奉獻成Notre Damedes victoires天主堂。如H.B Morse曾經保守評估說：『不用多說，在天津的法國人，傳教士都是被憎恨的。』並且這個高度易燃環境中一些反教的文章（一八六九—一八七〇），鼓動懷疑充滿恐懼憤恨在這個城市容易相信的居中傳播。

這一段話更充分說明天津地區已充滿了危險氣氛。

**㈡天津無業之徒聚集易釀事端**

咸豐九年十月九日直隸總督恆福奏稱天津郡城，無業之徒成群結黨，橫行無忌易釀事端。其奏摺內容云：

……天津郡城地處海濱，民情強悍，向有一種無業之徒名爲混混，成群結黨專事鬥狠，同屋而居共爨而食，又號鍋夥。其黨羽眾多或把持行戶，或訛索商民，稍不遂意即糾眾持械逞兇尋毆，甚至砸毀房屋習爲故常。且因咸豐三年，粵匪竄擾天津，辦理防剿，該匪等藉端製造軍械火器，撤防後收繳未盡。現即用以逞兇亡命爭毆，幾成閩粵械鬥之風。雖屢經地方官查拏懲辦，總未歛迹。該處商民實已不勘其擾；況津郡五方雜處，良莠不齊。每年商船米船進口時，水手人等聚集不下數千人。該鍋匪橫行無忌，亦恐易釀事端。……（註一七）

天津無業之徒聚集，任意爲非作歹，易滋事端誠天津教案發生的原因之一。

## (三)百姓對仁慈堂疑慮重重

曾國藩於同治九年六月二十三日奏稱：

蓋見外國之教堂，終年扃閉，過於秘密莫能窺測底裡。教堂仁慈堂皆有地窖，係從他處募工修造，津民未盡目覩，但憫地窖深邃，各幼孩幽閉其中，又不經本地匠人之手，其致疑一也。中國人民有至仁慈堂治病者，往往被留不令復出。即如前任江西進賢縣知縣魏席珍帶女賀魏氏入堂治病，久而不還。其父至堂婉勸回家，堅不肯歸。因謂其有藥迷喪本心，其致疑二也。仁慈堂收留無依子女雖乞丐窮民及疾病將死者亦皆收入彼教。又有施洗之說，施洗者其人已死而教主以水沃其額而封其目，謂可升天堂也。百姓見其收及將死之人，聞其親洗新尸之眼已堪詫異。又由他處車船致送來津者動輒數十百人，但見其入而不見其出，不明何故其致疑三。堂中院落既多或念經或讀書或傭工或醫病分類處之。有子在前院而母在後院；有母在仁慈堂而子在河樓教堂，往往經年不一相見，其致疑四。加以本年四、五月間有拐匪用藥迷人之事，適於是堂中死人過多，其掩埋又多一死或有兩尸共一棺者。五月初六日河東叢塚有狗所發者一棺二尸，天津鎮中營遊擊左寶貴等曾經目覩，死人皆由內腐此獨由外先腐，胸腹後爛，腸肚外露，由是謠言大起，其致疑五也。」（註一八）

由於對教堂仁慈堂的種種致疑，令百姓對教堂疑慮，也是發生天津教案的原因之一。

### (四)各省檄文揭帖未加剖辨明白，徒增百姓反感

江蘇省揚州府、湖北天門縣及直隸省大名府、慶平府皆有檄文揭帖或稱教堂拐騙丁口或稱教堂挖眼剖心或稱教堂誘污婦女，以後各地方的教案雖經議結，總未將檄文揭帖之虛實剖辨明白。徒令一般士大夫相信教堂是罪惡之源，但並無確據。人云亦云的謠言，增加民眾對教堂教會的反感，亦是助長天津教案發生的原因。

## 二、近　因

### (一)張拴、郭拐迷拐幼孩一案

同治九年五月初八日天津縣永豐屯地方張永安拏獲拐犯張拴、郭拐二名。經天津府縣訊明，供認夥同在逃的馬成用藥迷拐靜海縣幼孩李大羊等一案（註一九），後覆訊確鑿，照通飭章程將該兩人於五月十四日就地正法。經此案後民間迷拐之事愈傳愈多，使天津街巷，整日不得安寧，甚至誤拏教堂的教讀沈希寶，毆打送官，雖經天津知縣劉傑訊明，實係帶領學生回家並非拐帶，遂即釋放，但民疑

未解。

㈡武蘭珍迷拐幼孩牽涉教堂一案未決

同治九年五月二十日天津縣屬桃花口村鄉張世友拿獲迷拐匪犯武蘭珍同被拐李所一並送縣衙，據武蘭珍供稱用藥迷拐屬實並稱被教民王三迷入教堂許給洋銀，給他迷藥命他迷拐：白天出來迷人晚上宿於教堂柵欄席棚內。經此一案爆發，因牽涉教堂迷拐幼童，於是天津民情洶洶閭閻蠢動，終於鑄成了天津教案。

# 肆、天津教案的經過

天津縣知縣劉傑將武蘭珍訊出牽涉河東地方天主堂之王三等情，稟知天津知府張光藻及三口通商大臣崇厚。崇厚以民心浮動恐怕滋生事端，便飭令天津道周家勳於二十一日往晤法國駐天津領使豐大業（Henri-Victor Fontanier）查詢王三其人，該領事力允代查。可是到了申刻劉知縣奉崇厚命續往法國領事署面見豐領事，卻答以我愛查不查有話向崇大人說。五月二十二日崇厚又親自與豐領事會面並與謝福音商妥於五月二十三日己刻（上午九時到十時）天津道府縣等官押帶人犯武蘭珍前往天主堂查看對質。到時天津道周家勳、知府張光藻、知縣劉傑，帶匪犯武蘭珍前往天主堂，面見教士謝福音，其態度和順。即由謝教士領查並命武蘭珍指認他所經歷的地方房屋。他原來所供的蓆棚柵欄在教堂內並未看見，偏傳堂中的人，他都不認識，無法指實誰是王三只好作罷。當時天主堂外有百姓看熱鬧並無吵嚷情事。天津知縣等人經由外國主人送出，武蘭珍便被帶回署。天津知縣劉傑便將天主堂內並無王三此人向大眾說了遍。唯恐有人沒聽清楚準備回署後張貼告示。吩咐看熱鬧的百姓走散。張知府與劉知縣見到眾人陸續分散，同往三口通商衙署向通商大臣崇厚稟告一切查堂的情形，然後再各自回衙署。不久教士謝福音來到通商衙署中與崇厚面商日後教堂中如有病故人口應報明地方官驗訖會同掩埋。在堂中讀書及收養之人也應該將名冊報知地方官以憑查驗。該教士都答允照辦後離去。崇厚正準備撰寫告示以安民心。到下午未刻（十三時至十五時）時分教堂之人與堂外圍觀之民眾發生衝突。據親供單內孟玉升供說云：

孟玉升供：今年三十六歲，充當天津縣河北地方，五月二十三日早上，道府縣帶領武蘭珍赴查外國教堂。小的在彼伺候，雖有看熱鬧的人並無嚷罵情事，大人們由教堂出來有外國人送出，府縣大老爺吩咐百姓走散，小的也在那裡趕逐，聞眾位大人上院去了。不多時道府縣各自先後回衙。以後教堂門口有行路人向堂內張望，被外國服役人看將行路人拉進一個去。河東百姓看見，對河樓喊叫，隔河用磚頭向河樓擲砍，豐領事出來手拏洋槍，還有一個外國人拏寶劍赴宮保衙門找崇大人。忽聽裡邊槍響隨由裡邊傳出信來說傷了大人，小的並未眼見，一時間就四面鳴起鑼來了。本縣當即來奔走商憲衙門，百姓們就多了。本縣仍彈壓，走到東轅門外，遇見豐領事出來，看見本縣放了一鎗，本縣閃過致將家人高升打傷的。這時教堂火起，豐領事走去也被人殺了。本縣本府並無吩咐百姓打洋人的話。府縣赴仁慈堂去，走至半路仁慈堂也就起火了，是實。（註二〇）

天津民人因見教堂洋人將行路人拉進一個去，因而鼓噪喧嘩，又聞見豐領事手拏洋槍在通商衙門放槍，甚至傳說傷了崇大人。並親見豐領事對知縣劉傑放槍，傷了家人高升，因而群情更加激憤，遂殺人焚教堂，天津教案因而發生。至於豐領事怒見崇厚，是否立即施放洋槍，據天津知府張光藻奉訊登覆各條內云：一奉訊該領事一見崇宮保是否即放洋槍，抑或另有情節。查該領事赴院滋鬧，革員並未在場目擊。惟據院署差弁均言，是日該領事以教堂門外滋鬧，遷怒於巡捕之不能彈壓，先用鞭毆打隨即自攜洋槍揪扭後至之差弁一同赴院，當時係屬盛怒而前，是以一見啇憲即行放槍。（註二一）

再據崇厚上奏云：

> ……未刻，忽聞有教堂之人與觀看之眾閒人口角相爭，拋磚毆打。當派武弁前往彈壓，適豐大業來署當即接見，看其神氣兇悍，腰間帶有洋槍二桿，後跟一外國人手執刃飛奔前來，未及進室一見即口出不遜，告以有話細談，該領事置若罔聞，隨取洋槍當面施放，幸未打中，經人拉住。奴才未便與之相持暫時退避。該領事進屋將什物信手打破咆哮不止。奴才復又出見，當好言告以民情洶湧，街市聚集水火會已有數千人，勸令不可出去，恐有不虞。該領事奮不顧身云『我不畏中國』遂生氣而去。奴才恐致滋事當派弁隨同護送。詎意該領事路遇天津縣劉傑自該堂彈壓而回，該領事又向其放鎗未中，誤將劉傑之家人打傷。眾百姓瞥見忿怒已極，遂將豐大業群毆斃命。於是傳鑼聚集各處民人將該教堂焚燒，並將東門外之仁慈堂焚燒，別處講書堂亦有斥毀之處，傳教習教中外之人均有傷斃……。（註二二）

由上面兩項記載可知，法國領事豐大業對於外界傳說教堂迷拐人口，挖眼剖心……等傳說亦已憤怒不堪，後來由於在教堂外觀望的民眾未能逐散，教堂服役的洋人將中國人拉進去一個，與觀眾起釁，而天津知府張光藻所派的巡捕未能有效壓制憤怒洶湧的民情。尤其法領事豐大業在商署對崇厚開放洋槍，在路上又再次向劉傑開槍，打傷家人高升鼻梁，眾怒尤不可遏，是以萬口譁噪，猝成巨變矣！殺斃法領事豐大業等之後，天主堂、仁慈堂紛紛起火，民情益形激憤，簡直燒殺紅了眼睛，詳細情形依據劉傑知縣的親供單敘述如下：

革員正在躲避槍子，眾民已將豐領事群毆斃命，護救不及，頃刻之間天主堂已火光矣。革員見禍變已作，一面趕赴東門外護救仁慈堂，當與大沽協張秉鐸疾趨行至中途，望見仁慈堂火光衝起。飛奔該堂諭令火會速行救滅而火已大竭力救護業已無及。革員乃回署回話。商憲諭令革員親往驗明豐大業屍傷買棺裝殮，革員隨同道府與同城文武分投各國洋行住房處所彈壓保護，眾始遂漸解散並將天主堂仁慈堂餘火撲滅。當日民人在教堂搜出王三送縣，供認給藥與武蘭珍拐幼孩屬實，旋又忽認忽翻供詞狡滑，革員不能不用刑嚴訊。至搜出男女大小幼孩一百五十名口送府，飭主認領數人餘皆發縣。革員當將男女大小幼孩籌暫交全節堂，托紳士王鏞收養照料聽候查辦。……（註二三）

柯保安先生在〈中國與基督教〉一書中對於天津教案的暴行有更清晰的描述：

……絕大多數同時代的外國人都認為這件不忍卒睹的暴行是無可避免的，豐大業和席孟在現場被撕裂，群眾掠奪並焚燒法國領事館，孤兒院教堂及其他天主教的財物，殺害並切斷被發現的法國人。天主教修女被剝光衣服裸體，眼睛被挖掉，乳房被切除，身體被強暴並被活活燒死。……天主教祭司受到極恐佈的命運，夜晚遭到掠奪並破壞四所英國及美國教堂。總計死了三十到四十個中國信徒和廿一個洋人包括二個法國官員，十個修女和二個祭司。

這樣不忍卒睹的暴行實讓人驚懼，眞是一件大屠殺。

天津教案，總計焚毀房所，據天津知縣劉傑稟報法國天主教堂一處，公館一處，仁慈堂一處，洋行一處。又誤毀英國講書堂四處，美國講書堂二處，而外國傷斃人口共十六名口，計有法國領事豐大業、翻譯官席孟、達麥生夫妻、傳教士謝福音、吳神符、法國商人單美松夫妻，以上八名均在河內撈出。仁慈堂女屍五具：，內有法國一名、英國一名、比國二名、美國一名均係被燒死的。另有俄國商人波勒德波波幅、婦人麥理才、商人已索幅均在河東地方被殺，由河內撈出。仁慈堂外有女屍五具另有五具沒有找獲共計十人，但不是外國人。總計已獲中外屍身有廿一人。（註二四）日後給法國的撫卹銀貳拾伍萬兩（美國、英國、比國的撫卹金均由法國轉交），給俄國的撫卹銀參萬兩。總計天津教案的賠償銀兩及撫卹銀兩達肆拾玖萬兩之巨。（註二五）中國百姓雖出了一口怨氣，但留給清朝政府的卻是一件難於交涉的外交事件，也可能引起國際戰爭。

# 伍、天津教案的查辦及審訊

## 一、教案的查辦

同治九年五月廿四即案發的第二天，駐津的三口通商大臣兵部左侍郎崇厚便由驛馳奏：「……津郡民人與天主教起衅、爭毆、聚眾燒毀教堂、殺斃傳教洋人。現在設法彈壓解散，請飭派地方大吏來津查辦。」（註二六）崇厚在摺中說明民人聚眾滋事緣由，並認係事關重大想請飭下直隸總督曾國藩來津確實查辦，以靖地方。並於次日上摺自請治罪外，同城地方官辦理不善，天津道府縣嚴議革職處分（註二七）。廿七日便奉上諭「崇厚、周家勳、張光藻、劉傑者先行交部議處，仍著曾國藩抵津後確切查明嚴參具奏。」（註二八）

清廷接到崇厚奏報後便於五月庚寅（廿五日）下了兩道諭旨：

㈠諭內閣曾國藩著前赴天津查辦事件。

㈡諭軍機大臣等，崇厚奏津郡民人與天主教起釁現在設法彈壓……仍著崇厚督同地方文武將該民人等設法開導妥爲彈壓，毋令聚眾再滋事端。曾國藩病尚未痊，本日已再行賞假一月；

惟此案關繫緊要，曾國藩精神如可支持，著前赴天津與崇厚悉心會商妥爲辦理。匪徒迷拐人口，挖眼剖心，實屬罪無可逭。既據牽連教堂之人，如有實據自應與洋人指證明確，將匪犯按律懲辦以除地方之害。至百姓聚眾將該領事毆死，並焚毀教堂拆毀仁慈堂等處，此風亦不可長。著將爲首滋事之人查拏懲辦，俾昭公允。地方官如有辦理不協之處亦應一併查明毋稍迴護。曾國藩等務體察情形，迅速持平辦理，以順輿情而維大局。（註二九）

曾國藩本來於五月二十二日上奏請賞假調理（註三〇），因爲四月廿一日他生病請假，奉旨賞假一個月，經月來服藥治眩暈之疾，雖然十愈其八。但因多日服用滋補的清潤之劑因而導致脾胃受傷，飲食減少而精神困倦不能自持。他根本之病在右目無光，一時固難速痊而醫生都說其病源在焦勞過度，眩暈肝腎的毛病都需要滋補，悉心靜養掃除一切焦慮，懇請再賞假一個月；但因天津民教一案關緊重大，曾國藩也只好抱病從公了，於六月初六日起身赴津。

天津民教起衅前後有一種現象，也是助長天津混亂的原因；即是愚民無知，莠民趁勢爲亂；開始的時候因有迷拐人口的謠傳，於是各處百姓自動拏人送交府縣，甚至毆打成傷，然後再送官，地方官未問原因即行收執。（當初迷拐幼童的張拴郭拐二名匪犯即先遭民人毆打成傷。）於是天津沿街沿巷百姓拏人之風由此而起。津案發生後眾民解散，尙有匪徒以奉官查拏迷拐爲名或以查拏教民爲說而逕入人家，或以查教爲名而搜搶並將民人送官以爲得計。天津郡五方雜處人心浮動，再加上民間擅自拏人，更形成天津地方的混亂。

總理衙門在崇厚五月廿五日上了具奏天津教案情形之後，連日接獲法國使臣羅淑亞（Comte de Rochechouart）及各國使臣聯銜照會皆以天津民教滋事殺斃法國領事一事關係重大與各省教案不同，因此更當特別小心。總理各國事務恭親王奕訢於五月三十日上奏天津滋事殺斃法國領事官等各國官民皆懷疑擬請明降諭旨以安中外人心而維大局。（註三一）以免各省謠言四起，人心惶惑，怕再釀成大案。故各國使臣怕再釀成大案，乃堅請中國設法保護洋人生命財產的安全，並將天津教案的原委應趁此宣布中外解釋群疑，以免各處爲謠言所惑。群起與洋人教民爲難或亦防患未然之一法也。並行文順天府府尹轉飭通州地方官派役彈壓並約步軍統領存誠派員分赴各館（使館）左近常行巡查暗地保護以免津民再事滋鬧。

曾國藩接到軍機大臣同治九年五月廿五日密寄著曾國藩來津查辦的諭旨後，於六月一日奏覆其處理腹案內容如后：

……臣接准軍機大臣密寄同治九年五月二十五日奉上諭崇厚奏津郡民人與天主教起釁，現在設法彈壓，請派大員來津查辦一摺等因欽此。臣查各省打毀教堂之案屢見疊出，而毆斃領事洋官則爲從來未有之事。此次法國領事豐大業以激犯衆怒群毆斃命，案情較爲重大。外國於各省教案稍爲轇轕者往往挾制多端。如七年揚州、臺灣之案，該國均派兵船前往。八年貴州、四川之案亦帶兵船泝江上駛。聞該公使回京之時頗以攜帶兵船爲得計。此次領事傷斃該使尤爲忿恚，其由香港上海等處調派兵船來津乃意中之事。惟該使將調兵船必先與總理衙門商論及之。如總理衙門多方勸阻，令其不調兵船自爲上策；不能先事阻止則臣等在津亦必無能阻之勢。但立意不欲與之開衅準情酌量持平結案。彼即調派兵船，不過虛疑恫喝之舉，無所容其疑懼。現聞羅淑亞聲稱此案必須請示本國君主，固係張大其事，推波助瀾之詞。然此等重案該使未曾經歷其言不敢自主，或亦實情。總之，或調派兵船或請示國主計皆輾轉需時，非一兩月間所能速了。目下兩者未露端倪，如何辦結之法未暇驟行議及。惟此案起釁之由係因匪徒迷拐人口牽涉教堂。昨據天津鎮道來牘武蘭珍所供之王三，業經弋獲必須訊取確供。武蘭珍是否果爲教堂所養，挖眼剖心之説是否憑空謠傳；抑係確有證據，此兩者爲審中最要之關鍵。審虛則洋人理直；審實則洋人理曲。即使曲在洋人而公牘亦須渾含出之。外國既斃多命，不肯更認理虧使在彼有可轉圜之地，庶在我不失柔遠之道。若其曲不在洋人則津民爲首滋事者尤須嚴查究辦，推求所以激變之由，不能不從此兩層悉心研鞫，力求平允以服中外之心，至傳教習教之傷斃若干？中國外國之人無故被害者若干？皆須切實查明。嚴拏兇手以懲煽亂之徒，彈壓士民以慰各國之意，皆係目前要務，想通商大臣必須妥爲料理。諭旨飭臣前往，仍諄諄垂詢臣病，臣之目疾係屬根本之病，將來必須開缺調理，不敢以病軀久居要職。至於眩暈所得之症現已十愈其八；惟脾胃虧弱飲食減少，月餘以來在署登階需人扶掖。因醫者言眩暈之症恐一跌輒半身不遂也。此等重要案件臣不敢因病推諉，略加調理練習走，數日內稍可支持即當前赴天津，與崇厚悉心商辦其刻下急宜查訊各事。仍一面先派候補道員博多宏武，陳重迅速赴津會同天津道府詳訊辦理。法國之在天津者豐領事、謝教士既已毆斃，尚無主持之人。各道府趁此時查訊釁端當易就緒。至該公使將來如何舉動是否調派兵船？臣等隨時請旨遵行。諭軍機大臣等曾國藩奏……審虛則洋人理直，審實則洋人理曲等語，可謂切中事理，要言不煩。即著飭令派出之道員博多宏武等會同天津道府澈底根究，妥籌辦理。（註三二）

六月初一日清穆宗諭內閣依據上諭檔節錄於后：

前因天津地方有匪徒迷拐幼孩，牽涉教堂，民間懷疑起釁將法國領事官群毆斃命，焚毀教堂並毆斃多人，兼誤殺俄國商民情形甚屬可憫。業經降旨將崇厚及辦理不善之地方官先行交部議處。飭令曾國藩確查具奏，並將迷拐人口匪徒及爲首滋事人犯嚴拏懲辦。因思各國通商以來遇有交涉事件皆有條約可循，中外商民相安已久，朝廷一視同仁。但分良莠不分民教，各處匪徒如有影射教民，作奸犯科者應即隨時訪拏，詳細究明，從嚴懲辦，豈可任令民間傳播謠言，妄行生事。此次天津既有民教滋鬧之事，恐各省地方亦不免因此懷疑啓釁者。著各直省督撫嚴飭所屬地方官務須剴切曉諭，妥爲彈壓並將各處通商傳教地方隨時保護，毋任愚民藉端滋事。……

這是清穆宗對中外發佈的諭旨，並曉諭百姓迷拐幼孩牽涉教堂是天津教案的根源，地方官對外國人當更加嚴密保護以免再生教案了。

曾國藩未趕到天津之前，總理衙門便連日與法國使臣羅淑亞晤面，籌商辦法。羅使總以案情關繫重大，必等待法國之命令而行，非他所敢干預而保持冷靜態度；反令清廷感到風雨欲來前的寧靜。顯然他已陰懷鬼胎，滿腹籌謀了，不若往常各省細故都暴躁異常，使朝廷擔心恐生不測。羅使的翻譯官德微理亞（Garial Deveria）卻聲明本案有四項嚴重性：一是拉毀法國旗號，二是傷斃法國職官，三是殺傷法國人多名，四是焚毀教堂。所以他們公使不敢作主，且看中國如何辦理。各國使官均認爲法國因此用兵而遽行決裂，使各國商情大有妨礙；但是假若中國沒有妥善辦法，再加上羅淑亞及法國水師提督都伯理性情均暴躁異常，何況法國水師現在各海口停泊，難保不遽爾失和。因此必須奏請朝廷特簡大員親齎國書馳赴法國先盡中國友誼道理，以後萬一法提督逞强則各國可從旁代爲理阻等語。總理衙門遂於同治九年五月三十日奏請派員出使法國以盡中國友誼之道。同日奉旨命三口通商大臣兵部侍郎崇厚出使大法國欽差大臣（註三三）親齎致法國照會一書，附錄內容於后：

大清國大皇帝問大法國大皇帝好。朕誕膺天命寅紹丕基，眷念友邦永敦和好。同治九年五月間，天津民人因匪徒迷拐幼孩懷疑滋事，業將辦理不善之地方官交部治罪並派武英殿大學士直隸總督一等毅勇侯曾國藩前赴天津秉公查辦。又降旨令各直省督撫飭所屬地方官一律隨時保護，務期貴國之人得以相安。至天津之事變生民間，朕與貴國和好有年毫無芥蒂。茲特簡三口通商大臣兵部左侍郎崇厚前赴貴國代達衷曲以爲眞心和好之據。朕知崇厚幹練忠誠通達事務，辦理中外事件甚爲熟悉。務望推誠相似以永臻友睦共享昇平，諒必深爲歡悦也。（註三四）

惟天津滋事案除法國領事敎士等傷斃外，俄國傷斃三人，除經由崇厚商議賠償撫卹之外，總理衙門奏云：

茲法國既經派員前往，案內俄國被害人口雖係出於誤殺亦未便置爲緩圖。查臣衙門奏派出使泰西各國辦理交涉事務大臣志剛、孫家穀現在俄國。據報俟俄國事件完竣後分道旋京。志剛係由陸路等因，臣等擬即迅致函志剛暫駐俄國。如已自俄國起程亦即令其折回，並由臣衙門備具照會將此件情形知照俄國執政大臣以昭睦誼。俟此案辦有頭緒再令旋京。御批依議。（註三五）

這是清朝政府平息津案的第一步。

總理衙門處理天津教案的第二步，是照會法國大使羅淑亞言明緝兇抵償賠修教堂及領事館寓並議卹已斃人命等語，而其用意及照會內容詳載於籌辦夷務始末㈥第一六七五頁：

庚子（六月五日）總理各國事務恭親王等奏天津滋事一案……至法國使臣羅淑亞，自聞津門之事，總以請命本國爲詞，隱寓挾制之意。各國使臣均以事情重大難免用兵，於我則故示關切之誼，於彼則暗爲慫恿之謀。迨奉欽派大臣前往法國之旨，臣等面見法國使臣稱述恩命，適因接據崇厚公函，以該國巡海兵船不日到津，必須達泊紫竹林與英國巡船同在一處方免百姓警疑等語，遂將此層一並告之。該使臣謂現在此事意在修好不在用力，並謂巡船到津可與英船同泊，其意已微露轉圜。臣等公同酌度若不乘機說入恐稍縱即逝，或被他國從旁煽動辦理必益形棘手。而此案現在辦法自以力遏兵船爲第一要義。彼族性情向來遇事皆刻不欲緩，此時距天津起事之日業已經旬，尚無實在相許之事，祇以空文往復恐伊本國及在中國之該國水師兵官不能耐此遷延。萬一因無準約遽爾啓釁，將來更難收拾。再三審酌，即由臣等備給一切實照會以安該使臣及其本國之心。詞意所指仍不過緝兇、抵償、賠修教堂及領事館並議䘏已斃人命數端撥揆殷事機。現在既無此照會日後議抵議賠亦屬勢所必然，不如先用切實語氣使之忿心稍平，而兵端或因之稍戢。自繕給該使臣照會後，該國翻譯德微理亞於初三日來臣衙門稱鈔寄本國，當不致爲浮言所動等語。雖此後辦理各節未易就緒，及是否弭釁尚無十分把握。而障水於未瀾，薙水於未蔓或亦豫遏兵船於一端也。除鈔錄照會密致曾國藩、崇厚查照覈辦外，謹繕摺密陳並照錄臣等給羅淑亞照會一件恭呈御覽。御批依議。

給法國照會

爲照會事，同治九年五月三十日奉上諭著各直省督撫嚴飭所屬將各處通商傳教地方隨時保護。又奉旨特派崇厚大臣前往貴國，業於本日另文照會貴大臣。本爵查此案變起倉猝，貴國官民慘罹此害，深爲可憫。中國與貴國交好多年不想遇此意外之事深爲抱歉。前奉旨欽派太子太保雙眼花翎武英殿大學士直隸總督世襲一等毅勇侯曾國藩赴津查辦，惟有將此事認眞辦理。此案兇犯必須確切查拏嚴訊殺人之犯，無論貴賤按例擬抵。各教堂衛署被毀之處亦應一律修補，其斃命童貞女甚爲惋惜，希貴大臣查明姓氏開單照會以便議䘏。本國恐有傷睦誼，是以現奉諭旨特派太子少保頭品頂帶雙眼花翎鑲紅旗漢軍副都統左侍郎三口通商大臣崇厚奉命前往貴國以著兩國實心和好。天津一案，祇由民間一朝之釁定能迅速辦結益昭睦誼，為此照會。

這個照會同時鈔送給崇厚、曾國藩，並查照覈辦，故後來曾國藩等處理此案，是稟照而行，因此也就簡單得多。

法公使羅淑亞於六月初九日照會曾國藩：天津法國領事現由英國領事李暫且署理，而駐箚津郡的法國總兵美由羅使直接指揮。並去信要該總兵隨同曾國藩查聽，以便節節報知羅使有關津案的詳細情形。初步由天津來信稱：

天津事起由該處府縣並火會之匪徒及積憤為惡之混星子等難分涇渭。因此本臣實不能引請貴中堂籌思現時所第一切要者。惟有嚴速正法兇徒以懲愚頑，一面可免外省再有天津之變；一面可以折服本國之心。（註三六）

並告之在覆文到的時候，他就自北京就道往天津以期隨時與曾國藩會商。但是這件照會卻因為傳送舛錯未能遞到（註三七），而於六月廿一日的照會中有更進一步的要求。

曾國藩於六月十日抵達天津，便與崇厚等會同查辦案件，審訊武蘭珍、王三。六月十六日先奏請天津道周家勳、天津府知府張光藻及天津縣知縣劉傑撤任聽候查辦。而法國公使羅淑亞也於六月十九日抵津。曾國藩迎至三口通商衙署。該使語氣頗為和順，並提出賠修教堂，葬埋豐領事，將地方官懲究及查辦兇手等詞。二十日崇厚到羅使公館，彼此所談與十九日所談相同。豈料到二十一日羅使態度忽然大變，遞送照會。次日（二十一日）到達，竟要求將府縣及提督陳國瑞即行抵命；否則等到法國水師提督到津即令其便宜行事，語氣强硬多所挾制。曾國藩與崇厚妥籌熟商，六月二十三日兩人聯銜繕呈查明天津滋事大概情形一摺，內容重要抄錄於後：

……竊臣曾國藩於六月初九日靜海途次承准軍機大臣字寄六月初八日奉上諭曾國藩奏起程赴津籌辦情形一摺等因欽此。臣等伏查此案起衅之由，因奸民迷拐人口牽涉教堂並有挖眼剖心爲藥材等語，遂致積疑生憤激成大變，必須確查虛實乃能分別是非曲直昭示公道。臣國藩抵津以後逐細研訊教民迷拐人口一節，王三雖經供認授藥與武蘭珍，然時供時翻。又其籍在天津與武蘭珍原供在甯津（清河間府屬，今縣名屬河北省，在南安縣南，與山東省德平，吳橋二縣接壤）者不符。亦無教堂主使之確據。至仁慈堂查出男女一百五十餘口，逐一訊供均稱習教已久，其家送至堂中豢養並無被拐事，至挖眼剖心則全係謠傳毫無實據。臣國藩初入津郡，百姓攔輿遞稟數百餘人，親加推問挖眼剖心有何實據，無一能指實者，詢之天津城內城外亦無一遺失幼孩之家控告有案者。惟此等謠傳不特天津有之，即昔年之湖南、江西，近年之揚州天門及本省之大名、廣平皆有檄文、揭帖或稱教堂拐騙丁口，或稱教堂挖眼剖心或稱教堂誘污婦女；厥後各處案雖議結，總未將檄文揭帖之虛實剖辨明白。此次詳查挖眼剖心一條竟無確據，外間紛紛言有眼盈罈亦無其事，蓋殺孩壞尸採生配藥，野番兇惡之族尚不肯爲；英法各國乃著名大邦豈肯爲者，殘忍之行以理決之必無是事。天主教本係勸人爲善，聖祖仁皇帝時久經允行，倘戕害民生若是之慘豈能容於康熙之世。即仁慈堂之設其初意亦與育嬰堂養濟院略同，專以收卹窮民爲主，每年所費銀兩甚鉅，彼以仁慈爲名，而反受殘酷之謗宜洋人之忿忿不平也。至津民之所以積疑生憤者則亦有故，蓋……其至疑五也。（註三八）平日熟聞各處檄文揭帖之言信爲確據，而又積此五疑於中各懷恚恨迨至拐匪牽涉教堂，叢塚洞見胸腹而眾怒已不可遏迨至府縣赴堂查訊王三，豐領事對官放槍而眾怒尤不可遏，是以萬口譁噪同時並舉，猝成巨變。生浮囂固屬可惡而其積疑則非一朝一夕之故矣。今既查明根原惟有仰望皇上明降諭旨通飭各省，俾知從前檄文揭帖所稱教民挖眼剖心戕害生民之說，多屬虛誣布告天下咸使聞知：一以雪洋人之冤，一以解士民之惑。並請將洋人致疑之端宣示一、二。天津風氣剛勁人多好義，其僅止隨時附和者尚不失爲義憤所激，自當一切置之不問。其行兇首要各犯及乘機搶奪之徒自當捕拏嚴懲以儆將來。在中國戕官斃命尚當按名擬抵，況傷害外國多命幾同邊衅刁風尤不可。惟當時非有倡首之人預爲糾集，正兇本無主名。津郡人心至今未靖，向來有曰混星子者結黨成群好亂樂禍，必須佐以兵力乃足以資彈壓。頃將保定銘軍三千人調紮靜海（今河北縣名，在天津市西南，爲水陸交通之要衝），此軍係記名臬司丁壽昌統帶，該員現署天津道缺，一俟民氣稍定即以緝兇事件委之。該署道督同府縣辦理當可勝任。至武蘭珍犯供既已牽涉教堂，經臣崇厚飭令地方官赴堂查驗實爲解釋眾疑起見，近日江南亦有教堂迷拐之謠亦即如此辦理。其後豐大業等之死，教堂公館之焚，變起倉猝非復人力所能禁止。惟地方釀成如此巨案究係官府不能導化于平時，不能預防于事先。現已將道府縣三員均行撤任聽候查辦，由臣國藩揀員審理，同日另片具奏。其殺斃人口現經確查姓名實數，惟仁慈堂尚有女尸五具未經尋獲其餘均妥爲棺殮交英國領事官李蔚悔收存。俄國三人已由俄國領事官孔氣驗明掩埋。謹開列清單恭呈御覽。法國公使羅淑亞業經到津議及賠修教堂事宜（羅使於六月十九日到津），臣等擬即派員經理。餘俟議有端緒續行陳奏。其誤斃俄國之人命，誤毀英美兩國之講堂亦俟議結另行具奏。所有查明大概情形謹具摺先行會奏伏乞皇太后皇上聖鑒訓示謹奏……。（註三九）

並將所開清單鈔錄於后：

謹將各國傷斃人口開列清單恭呈御覽，計開

法國領事官豐大業、翻譯官席孟均在院浮橋東受傷身死。

達麥生夫婦均在望河樓受傷身死。

傳教士謝福音、傳教士吳神符均在天主堂受傷身死。法國商人單美松夫婦均在富昌洋行受傷身死。以上八屍均在河內撈出。

仁慈堂女屍五具，均係被燒由仁慈堂內找獲。據法國文稱內法國一名、英國一名、比國二名、美國一名。以上十三屍均經棺殮交英國領事官查收。

俄國商人波勒德波波幅，婦人麥理牙，商人巴索幅均在河東地方受傷身死由河內撈出。

以上三屍均交俄國領事官自爲棺殮掩埋統計共十六名口。

仁慈堂外有女屍五具未經找獲與已獲之五具共十人。（註四〇）（請參看附錄一）

曾國藩與崇厚的這件奏摺，對於天津教案的經過及結果敘述甚詳，並對百姓積疑生恨的五大原因列舉很有道理。天津道府縣三員經撤任查辦，所遺各缺，曾國藩同日附片具奏：

「奏請簡選丁壽昌署理天津道員。馬繩武署理天津府員，蕭世本署理天津縣員。在津郡地方新出事變，中外積疑人心驚懼，能妥爲鎮撫，柔遠能邇以期弭患無形。」（註四一）

六月廿二日曾國藩接到法使羅淑亞六月初九及廿一日兩本照會後於二十三日照覆法使羅淑亞；極力駁斥天津府縣及陳國瑞提督主使事變應行抵命的說法。並對於他本人奉命後二十餘日始抵津郡之原委有所說明，照覆抄錄於后：

同治九年六月廿三日照會於廿五日呈覽

爲照覆事，同治九年六月二十二日本閣部堂接到貴大臣六月二十一日照會一件又六月初九日在京照會一件。查津郡五月二十三日之事，本閣部堂奉命來津查辦，查得天津府縣於是日百姓鳴鑼聚眾，毆斃豐領事，殺教燒堂未能竭力保護，設法彈壓以致釀成巨案。該府縣辦理不善咎無可辭；但事貴原心，該府縣實無欲傷害外國人民之心，亦毫無主使之迹。提督陳國瑞本非直省之官，其時由江南進京路過天津更屬事外之人。本閣部堂到津查訪是日之事並無該提督在內係屬訛傳。所有辦理不善之天津府縣經本閣部堂將該員等先行撤任又以案情重大該府縣事前既不能防範事後又不能速獲兇徒，厥罪難寬。一面奏明大皇帝將該府縣革職解交刑部治罪。陳國端現已在京，本閣部堂咨明總理衙門就近飭傳該提督訊問另行核辦。至滋事首從人犯疊經奉旨嚴拏，本閣部堂以民情浮囂又恐激之生變。原眾情之所以致誤者皆由謠傳教堂有挖眼剖心迷拐幼孩等語，不特天津爲然即各省亦有之。昔年之湖南、江西，近年之揚州天門暨本省之大名、廣平皆有檄文揭帖敘稱挖眼剖心，迷拐人口，誘污婦女等語。厥後各處案雖議結，總未將此事虛實剖辨明白，不特愚民諠傳即士大夫亦深信不疑，以致處處懷忿激成事變。而教主分布各省到處皆遭疑謗皆有戒心。本閣部堂查明並無確據，擬即奏明大皇帝請明降諭旨辨明挖眼剖心等事多屬虛誣，以雪洋人教堂之冤，以釋士大夫之疑，即以平百姓之忿，此全案之根由，津民所以鼓動公憤者在此，貴國所以深恨所誣者亦在此，果能剖辨明白，然後查拏兇犯不至生事。是日百姓洶洶聚眾人數眾多，孰爲首？孰爲從？亦須查訪確切分別良莠，方好按名嚴拏盡法懲辦以免枉濫。現已嚴飭新任府縣趕緊查拏，斷無任令兇徒久稽顯戮之理。所有拆毀望海樓教堂及仁慈堂等處經總理衙門奏明奉旨修補，現經本閣部堂飭派署天津府馬守（繩武）會同本地紳士一律趕修完整。至貴國被害人民深可憫測，亦經總理衙門奏明奉旨撫卹，其議卹之數儘可從優，俾死者之家屬生計豐厚。以上各節現在次第趕辦。本閣部堂因目疾甚重又患眩暈之症，前在請假期內是以到津稍遲。現在帶病籌辦，凡所得爲力，所能爲力之事無不盡心持平辦理。固須大伸貴國官商之氣亦不宜過虐津郡之民。各國駐京公使往來津郡，亦須津民悦服可永久和好。至於津郡愚民無知拆毀貴國旗號，現在欽奉諭旨派崇大臣賫奉國書赴貴國以明大清大皇帝大法國大皇帝永敦和好之誼。想貴國大臣公衷平正必須洞悉情形也。爲此照覆須至照覆者。（註四二）

曾國藩於是日奏明朝廷法使要求府縣及陳國瑞提督抵罪之說，其內容與上項照會相同，（註四三）並奉諭令神機營飭令該提督陳國瑞赴津郡聽候曾國藩查問矣。

羅使於六月廿三日接到該項照復後立於廿四日又送上照會一件，除同意請旨明降諭旨辨明挖眼剖心等事多屬虛誣以雪洋人教堂之冤，以釋士大夫之疑，以平百姓之忿一舉外，其他擬辦各情均覺不妥，並堅持將天津府縣及提督陳國瑞抵命一說。該項法國羅使照會，於六月廿七日由總理衙門呈覽，全文抄錄於后：

爲照復事，六月廿三日接准貴中堂照會內稱分晰愚民誼傳謠言以釋士大夫之疑等情，此等辦法甚善並足發顯貴中堂洞悉情形。惟現在未能極力彈壓立拏兇犯正法，於洞悉情形似又不符難以講論。當日有天津府縣暨陳提督爲首，興起可恨之事，殺死未曾防範之法國人十七名，燒燬房屋各處並拆毀本國旗號，此等兇惡不過在野人中有之。本大臣溯查往古至今，凡有之禮之國不至於此。查此案雖則如此之重而貴中堂擬辦各情皆係視爲極輕之事辦法無異，實不能服。有恭親王致本大臣，辦理天津之事因全任貴中堂一人辦理，本大臣應與貴中堂會商酌覈，因此知照。今日之議與前日之論無異，再請貴中堂將天津府縣及提督陳國瑞以抵命，不必解交刑部無俟本國提督來到方纔於犯事地立決。再貴中堂所稱天津民情浮囂又恐激之生變，應請貴中堂懸揣本國兵官憤恨並不蓄怒生變乎？再云不宜過虐津郡之民等語，現在殺人正兇尚在生存，試問本大臣何法免此過虐耶。惟有懇求貴中堂捫心自揣，斟酌情形，現在所處之境彼此相持豈能日久。相持不辦必須設法出此地步。本大臣實不能日久壓服眾人之憤。貴中堂惟恐眾民議論並應免枉濫等情；但將來事有禍患則枉濫更有甚於此者，其責則在貴中堂矣！現在果能俯准所請將三犯處決，則事不難辦；不然津郡良民枉遭禍患，皆歸咎於貴中堂不公忠正平辦理所致。為此照會須至照復者。（註四四）

此項照會於六月廿四日遞到曾國藩手中。羅淑亞責備曾國藩擬辦處理此案過輕，無法使法人心服。為了顧及現在法國官兵憤恨之說，再要求府縣及陳國瑞提督抵命，不必解交刑部。而彈壓拏兇正法一事也倍加指責。曾國藩當日對於上述照會便提出辯解，六月廿六日由總理衙門照鈔呈覽，內容如後：

為照復事，同治九年六月二十四日本閣部堂接到貴大臣照會，內稱現在未能極力彈壓，立拏兇犯正法等因。本五月二十三日之案，滋事兇犯現已嚴飭新任道府趕緊查拏，斷無任令兇徒久稽顯戮之理。只緣是日津民聚眾過多，不能指實何人為首？何人為從？近日訪得數名已令其先行拏案嚴刑拷訊，務令供出夥黨，按名緝獲處以極刑，以申中國之法以紓貴國官商之恨。大約數日內必可弋獲多名，斷不再事遲延，貴大臣儘可放心。至照會內稱天津府縣及陳提督議以抵命等語。查陳國瑞以客官路過天津，本屬事外之人前准照會云云。該提督現在都門，本閣部昨已咨請總理衙門訊明咨覆到日再行核辦。至此案前任府縣辦理不善，本閣部堂到津後即將該員等先行撤任，又以案情重大該府縣事前既不能防範，事後又不能速拏兇徒，業經奏明大皇帝將該府縣革職從重解交刑部治罪在案。若如照會所稱必將該府縣以抵命；查審議極刑必須有可誅之心或有顯著之惡。該府縣並非下手殺人之人又無絲毫主使確據。本閣部堂未能指實其罪之所在難以照辦。因思貴大臣當明晰該府縣二人有應抵命之罪，可請逐層說明。本閣部堂得有二人罪狀實在憑據，自能公平辦理。再本閣部堂到津後，查明天津府（張光藻）有事後之三件事：一係五月二十五、六間河東匪人搶蘇老義等教民數家，張守即前往彈壓。一係有一教民與一民人因賬目在府涉訟，張守即將民人枷號示眾。一係府署把門者係教民，該府欲訪查兇手即令教民密訪兇犯，懸有重賞，現在此人仍在府署當差。此三事雖小足見知府有保護教民之心，無傷害法國之意。至天津縣劉令（劉傑）雖無保護確據而亦無傷害教堂之心。貴大臣如查有府縣罪狀即請一一開示以便轉交刑部定議。中國遇有大獄皆部臣作主，疆臣不能擅專，爲此再商貴大臣請煩細核見示須至照會。（註四五）

次日（廿五日）辰刻（上午七時至九時）崇厚前赴紫竹林面見羅淑亞及德翻譯，竭力開說府縣及陳提督抵命之不當，而羅使卻堅執不聽。後來德翻譯官隨崇厚同至曾國藩處，並稱述羅使之意必欲府縣及陳國瑞抵命，等到法國水師提督到後，便出示曉諭居民與曾國藩會同辦理。雖經崇厚告之陳國瑞本係過路之人，與天津毫不干涉。五月二十三日陳提督在住處聽說通商衙門有洋人放槍趕來看視，當時教堂已燒，崇厚在衙署前彈壓，適巧陳國瑞過浮橋前來，因而訛傳該提督喝令上橋以致隔河人們過河之謠實在是以訛傳訛的說法，幾經向羅使辯說但不肯信。而天津府縣身任職官均知法度，斷無有心傷害洋人之理。羅使及德翻譯堅執不聽。但見事機危急，崇厚呈紅本函給總理衙門恭親王等，請其速向英國威妥瑪公使，美國鏤斐迪公使，俄國倭良嘎哩公使，布國德登賁公使等處，告以天津一案中國實係以禮相辦。現在地方官已交刑部治罪，均係按照和約辦理。滋事兇徒，曾國藩已飭新任道府趕緊查拏盡法懲治。此外如修理教堂議卹人命無不趕辦。請各公使作一公函致羅使勸他稍息忿爭從容商辦。

六月廿五日午後法國水師提督都伯理到天津，第二天申刻崇厚前赴紫竹林拜訪都伯理。都伯理所言與羅使相同，並據德翻譯聲明：「如至明日（廿七）四點鐘時尚無切實回信，伊即晉京。將在京法國人帶到天津。羅使即帶同上船赴海等語。」崇厚回曾國藩處，報告與都伯理、羅使、德翻譯相見情形。曾國藩甚爲著急，因而觸發病症登時嘔吐大作，延續達三小時之久，經醫家按脈言其脈象尤爲沈重。崇厚立即上奏言明情勢緊急，及曾國藩發病情形。籌辦夷務始末中記載了崇厚這一件原摺，及幾道諭旨。可見他的奏摺的重要及影響之大，也可看出朝廷的應變措施，奏摺的內容如后：

「……奴才於本日（廿七日）辰刻（上午七時至七時）又赴督臣處看視。天津鎮陳濟清，署天津道丁壽昌，署天津府知府馬繩武等一同前往，見督臣言語尚覺清楚，精神仍形委頓，病勢增加。奴才伏思天津地方戰無可戰，守無可守。法國兵船停泊在紫竹林海河一帶，逼近東南城根。兩岸民房市廛十數萬家，具與各國官商雜處，一經決裂億萬生靈横遭塗炭，且恐震動京師。今早督臣挾病相見，與奴才論及，自道光年間辦理洋務以來，時而主戰；時而主和。戰和而歧未有不敗之理。況目前情形，尤與從前迥異，一國構釁各國連衡，兵端一起，沿海沿江各省防不勝防；非特無此兵力，且恐餉源立匱，天下大局關繫非輕。督臣憂心如焚，矢以盡瘁。奴才目覩津郡時事，勢將決裂，督臣又病勢加重，焦急萬狀，不得不據實瀝陳，仰求聖恩迅派熟悉情形之重臣來津會辦。並請由總理各國事務衙門知照法國公使羅淑亞及駐京各國公使以維大局。」同日諭旨「諭內閣毛昶熙著前赴天津會同曾國藩查辦事件，所有隨帶各員一併馳驛前往。」又諭：

諭軍機大臣等，本日據崇厚奏稱……此時法國勢將決裂，事機棘手，德微理亞進京一節，曾國藩、崇厚總宜設法阻止以免人心惶惑。如業已起程一面迅速入奏；一面飛咨總理各國事務衙門妥籌辦理。據崇厚奏稱曾國藩觸發舊疾，病勢甚重，朝廷實深廑系。此案關係頗大該督抱恙甚劇，恐照料或有未周。本日已諭丁日昌星速赴津，幫同該督辦理。又以丁日昌由蘇赴津，即航海前往至速亦須在旬日以外。因先派毛昶熙前往天津會辦。該督等務當悉心籌畫，此案了結總以愈速愈妙。至天津府縣等正法一節既難照辦，而爲首滋事之犯，自應趕緊緝拏。如首犯緝獲則據理辯駁，一切自易轉圜。崇厚摺內所稱曾國藩論及道光年間辦理洋務以來，時而主戰，時而主和，和戰兩歧。況目前情形尤與從前迥異，一國構釁各國連衡，沿江沿海防不勝防。曾國藩所論切中情事。著與毛昶熙、崇厚熟籌辦法，總以力保和局爲要。惟該國兵船業已到津，意在開釁，現亦不可不豫爲防範以備不虞。本日已諭令李鴻章帶兵馳赴畿疆，候旨調派。並令傅振邦前赴天津聽候該督調遣，其練軍及標營官兵已令傅振邦豫爲部署候調。張秋銘軍著曾國藩仍遵前旨，星速調直妥爲布置。（註四六）

當總理衙門接獲崇厚連日報告後，於六月廿七日密陳天津滋事一案現辦情形。陳述有關法使猝悍異常不容商辦，志在尋衅，並設法與英使、布使連絡從中排解等情，內容重要附錄於后：

總理各國事務衙門　　同治九年六月二十七日

臣奕等跪奏爲天津滋事一案現辦情形恭摺密陳仰祈聖鑒事。竊臣衙門於昨日申刻（下午三—五時）接據崇厚來函，據稱羅淑亞猝悍異常不容商辦，二十四日致曾國藩照會內稱必須將天津府縣同陳國瑞先行在津立即正法，然後餘事不難商辦；否則飭該國水師提督便宜行事等因。崇厚親赴羅淑亞處再四剖析該使堅執不聽，是其志在尋衅已可概見，臣等閱之不勝髮指。查羅淑亞所請萬難允准而又無計牽制該使。因刻即同赴英館將羅淑亞要求過甚各節詳細與威妥瑪面述。並告以羅淑亞係有意攪亂通商大局與各處均屬不利。將來開衅若誤傷各國民人，法國應執其咎。蓋欲以悚動之詞連絡各國使其設法從中排解。威妥瑪意亦爲然並潛與布國李福斯會商，始答云法國之事渠等不能作主祇好由總署函致曾中堂照覆羅使，請以此案必求立決，果係何罪必須詳訊確情並准伊等同聽，不能僅憑傳聞之詞遽行正法。一面由該使函致羅使勸其不得驕暴，惟從否不能豫決等語。臣等以威使所云亦係實情，但期其不與法連絡，其餘亦未便直求。隨於署將威使大意函致曾國藩并囑趕緊防範以備不虞。將來威使之信能否阻止羅淑亞當未可知。惟臣既與威使有此一番剖辨，即羅淑亞不聽其言或威使不致從中簸弄愈難收拾也。至陳國瑞一節更屬無理取鬧，此時羅淑亞既期置之死地似未便即令赴津，可否請旨飭下神機營暫緩伴送至津。恭候聖裁。……（註四七）

調查教堂人眼人心證物方面，由於六月十四日曾國藩奉上諭：

諭軍機大臣等，宋晉奏和局固宜保全，民心未可稍失。請飭曾國藩速查釁根由，據實覆陳一摺。據稱通商各國所住之處久與民間相安。惟傳教之法國所在，皆傳有損折幼孩挖眼挖心等事，此次天津百姓激於義憤，殺斃該國領事。隨在天主堂地窖內放出小孩，並於仁慈堂挖出幼孩及罈裝幼孩眼睛。大率以此爲詞。欲懲擅殺之罪必究起釁之由，請飭該督速行查明曲直，秉公辦理以釋民疑等語。曾國藩前奏王三是否果爲教堂所養？挖眼剖心之説是否確實？爲全案關鍵等語，已得辦理此案要領。現在王三業經拏獲，起出之幼孩亦經紳士收養。徹底根查無難水落石出。即著督同博多宏武等詳細研究，審明虛實，剖別曲直據實具奏。該督素爲中外所推。必能明白昭章，使民心允服而各國亦無詞也。（註四八）

六月廿三日曾國藩也同樣奉諭要他調查人眼人心等物並要崇厚來京陛見，著曾國藩暫行接辦通商事務等旨，抄錄於后：

「戊午（六月廿三日）諭軍機大臣等，前據曾國藩奏，本月初六日啓程赴津，現抵該處已逾多日。此案起釁根由，想該督必已詳細查明妥爲籌辦矣。迷拐一案，究竟有無確據，此係緊要關鍵，即著該督迅速具奏，以慰廑繫。並將現在籌辦之法及該處近日民情一併奏聞。崇厚已派出使法國。自應及早啓行，著曾國藩體察情形。如崇厚此時可以交卸，即著該侍郎先行來京陛見，以便即日起程。其通商大臣事務著曾國藩暫行接辦。成林現已病痊銷假，不日亦可馳赴天津。俟京卿到時曾國藩即可將通商事務交卸。……」又有諭旨曰：「諭軍機大臣等，有人奏（河南道監察御史長潤奏）風聞津郡百姓焚毀教堂之日，由教堂內起有人眼人心等物呈交崇厚收執，該大臣於奏報時並未提及且聞現已消滅等語。所奏是否實有其事，著曾國藩確切查明據實奏聞。（註四九）

曾國藩疊獲諭旨追問有關教案的證物人眼人心，爲了有所說明便於同治九年六月廿八日上奏云：

奏爲欽奉諭旨恭摺覆陳仰祈聖鑒事，竊臣承准軍機大臣密字六月二十三日奉上諭有人奏風聞津郡百姓焚毀教堂等因欽此。同日又奉上諭前據曾國藩奏本月初六日啓程等因欽此。臣於二十三日業將大概情形會同崇厚恭摺具陳在案，洋人挖眼剖心之説全係謠傳毫無確據，彼族引以爲恥，忿忿不平，焚毀教堂之日衆目昭彰，若有人眼人心等物豈崇厚一人所能消滅。照當時由教堂所出必有所出之人呈交崇厚收執，亦必有呈交之人。此等異事紳民豈有不知，臣抵津後查訊挖眼剖心有無確據，紳民俱無辭以對。內有一人言眼珠由陳大帥自帶進京。大帥者俗間稱陳國瑞之名也，其為訛傳已不待辨。原其訛傳所起由崇厚前日二十四日專弁到京，向總理衙門稱有挾出眼珠盈罈之說，其時倉卒傳聞，該弁未經考實致有此訛傳。其實眼珠若至盈罈則堂內有千百無目之人，毀堂之時何無一人見在，即云殘害其屍具又將何歸？此可決知其妄者。諭旨垂詢迷拐一案究竟有無確據？臣查挖眼剖心決非事實，迷拐人口實難保其必無。天津之王三，安三、河間拏獲之王三紀，靜海現留之劉金玉供詞牽涉教堂在在可疑。臣前奏係力辨洋人之誣，請發明諭。故於迷拐一節言之不實不盡，誠恐有礙於和局。當時另有片奏，密陳迷拐之可疑，旋因慮及偶有漏洩，法使羅淑亞必致又興波瀾，洋人此時斷不肯自認理虧，不如渾含出之使彼有轉圜之地，臨發將密片抽出。將來此案辦結仍當再申前說。請令教堂仁慈堂由地方官管轄庶冀永弭衅端。至諭旨垂詢傳教有礙通商一節，臣上年在京曾與臣文祥論及傳教不宜兼設育嬰堂。文祥力言其勢不能禁遏，育嬰堂且不能禁，況能禁傳教乎？諭旨垂詢現在辦法，臣已為昭雪挖眼剖心等事之誣，以平洋人之心。其焚毀教堂公館業已委員興修。王三屢經翻供現已釋還，教民安三迷拐被獲因獄詞未定而該使索之甚堅亦經暫行釋放。至查拏正兇措手稍難，已飭新任道府拏獲九名，拷訊黨羽。至俄國誤傷三人，前經委員與俄國領事官孔氣商酌，每傷一人給予卹金伍千兩，該領事當以請示國主為辭，昨經臣處動用公牘再為詢商。惟法使羅淑亞必欲得天津府縣及陳國瑞，不在事中，仍復曲徇所請將該府縣奏交刑部治罪。昨據該使照會仍執前說必令該三員抵償。又遣翻譯官海偉力亞（Gabriel Hereria）來臣處面稱必如照會所言方不決裂。臣與辯論良久，問該使稱府縣主使究有何據?海偉力亞不能指出。然其辭氣始終狡執未就範圍。查府縣實無大過送交刑部已屬情輕法重。該使必欲擬抵實難再允所求。由臣處給予照復另錄軍機處備查。彼若不擬搆衅則我所斷不能允者，當可徐徐自轉。彼若力意決裂，雖百請百從仍難保其無事。諭旨垂詢近日民情雖經臣迭次曉諭而其疾視洋人尚難遽予解化。良民安分畏事每欲自衛身家，莠民幸災樂禍輒欲因亂搶奪，浮動之意至今未定。故有邀集眾紳往見羅使者，亦有撕毀教堂告示者。現有銘軍二千人在此彈壓當可無慮。但臣舉措每不愜與情堪内疚耳。諭旨詢及崇厚如何交卸，即著先行來京。現在辦理雖有端倪，羅使尚未應允。臣於夷務素未諳悉且病勢日彌，崇厚與洋人交涉已久無事不熟。應請飭令該侍郎暫緩赴京，留此會辦，俾臣不至憒事，於大局實有裨益。所有將臣奉旨查詢緣由，謹覆陳伏乞皇太后皇上聖鑒訓示謹奏。六月廿八日（註五〇）

至於曾國藩處理天津滋事案件，現在實際情形另繕一片補充說明於後：

再臣繕摺間承准軍機大臣密寄六月二十五日奉上諭，曾國藩崇厚奏明天津滋事大概情形等因欽此。天津之案事端宏大未易輕易消弭。中國自前之力斷難遽啓兵端，惟有委曲求全之一法。臣於五月廿九日覆奏摺内曾聲明立意不與開衅，即月來朝廷加意柔遠，中外臣民已共見共聞。臣等現辦情形仍屬堅持初議，而羅酋肆意挾卒未稍就範圍。諭旨（廿五日庚申）所示洋入詭譎性成，得步進步。若事事遂其所求將來何所底止，是期弭衅而仍不免啓衅，確中事理洞悉敵情。臣等且佩且悚，目下操縱之權主之自彼，誠非有求必應所能潛弭禍機。此後彼所要求，苟在我稍可曲徇仍當量予轉圜，苟在我原難允從亦據理駁斥。惟洋人遇事論強弱不是非，兵力愈多挾制愈甚。若中國無備則勢燄愈張，若有備和議或稍易定。現令張秋全隊九千人拔赴滄州一帶略資防禦。李鴻章前在潼關臣已致函商論，萬一事急恐須統率所部由秦入燕。此時陝回屢受大創，若令李鴻章入陝之師移緩就急迅赴畿疆，辦理自爲得力。英法兩國水師提督頃已均在大沽，其請示國主旬日當有覆信。法國若僅與津人爲難則稱兵必速。若要求無厭，直與國家爲難則搆兵較遲。李鴻章若於近日奉旨移軍東指，當不嫌其過緩。臣於洋務素未研求，昨二十一日眩暈之病又復舉發，連日心氣耗散精神不能支持目光愈蒙。二十六日崇厚來臣處面商一切，親見臣昏暈嘔吐左右挾入臥內，不能強起陪客。該大臣已有由京派重臣來津之奏。臣自咸豐三年帶兵，早矢効命疆埸之志，今茲事雖急病雖深，而此志堅定毫無顧畏，平日頗知持正理而畏清議亦不肯因外國要挾盡變常度。朝廷接崇厚之奏是否已派重臣前來，應否再派李鴻章東來伏候聖裁。抑臣更有請者，時事雖艱難，謀畫必須斷決。伏見道光庚子以後，辦理夷務失在朝和夕戰，無一定之至計，遂至外患漸深不可收拾。皇上發極以來，外國盛強如故，惟賴守定和議，絕無改更，用能中外相安十年無事，此已事之成效。津郡此案因愚民一旦憤激致成大變。初非臣僚有意挑衅，儻即從此動兵，則今年即能倖勝，明年彼必復來。天津即可支持，沿海勢難盡備。朝廷昭示大信不開兵端，此實天下生民之福。雖李鴻章兵力稍強，然以視外國之窮年累世專講戰事者尚屬不逮，以後仍當堅持一心曲全鄰好。惟萬不得已而設備，乃所以善全和局。兵端決不可自我而開，以爲保民之道，時時設備以爲立國之本，二者不可偏廢。臣此次以無備之故，辦理過柔寸心抱疚而區區之愚慮不敢不略陳所見。伏乞皇太后皇上聖鑒訓示謹奏。（註五一）

曾國藩的一摺一片上了之後，六月廿九日便奉到訓旨：

諭軍機大臣等，曾國藩奏遵旨覆陳一摺，洋人挖眼剖心之事，據稱查無確據，崇厚亦無消滅情節，此事著毋庸議。至滋事正兇現已拏獲九人，即著曾國藩等督飭道府悉心研究起衅根由。如尚有未獲黨羽，仍一面隨時緝拏嚴行懲辦，自不難折服洋人之心，而操縱亦易爲力。崇厚與洋人交涉日久，此時情形正緊，著准其暫緩來京，與曾國藩妥籌辦理。天津府縣擬抵一節，斷難允准，該督照覆羅淑亞之言亦頗詳晰，該使當不至固執前意，設詞要求。已派毛昶熙赴津會辦，該尚書於七月初二日起程。抵津後一切應辦事宜，著該督等與之斟酌緩急相機籌辦。昨諭李鴻章酌帶所部，剋日馳赴近畿一帶駐紮，以爲津郡聲援。曾國藩現又令張秋全隊拔赴滄州，如此布置當足破洋人恫喝之謀。該督等務於勢未決裂之時，竭力籌維以期速了。片內所稱善全和局，以爲保民之道。備豫不虞，以爲立國之本，其屬曲中事理，即著該督堅持定見，悉心經營用全大局。」（註五二）

因曾國藩舊疾復發，朝廷調毛昶熙赴津會辦，在起程前，他上奏云：

……自當恪遵諭旨趕緊束裝馳赴天津，會同督臣曾國藩察看情形，並隨時函商總理各國事務王大臣等妥籌辦理。刻下法國使臣羅淑亞藉兵要挾肆意鴟張。臣到津後，總期與督臣曾國藩力持正義，杜其格外要求。然和局固宜力顧，變端亦當豫防，且必即日豫備戰守事宜，庶可懾其驕張之氣。再一面設法轉圜，或可冀其就我範圍也。茲謹定於七月初二日由京起程。御批知道了。（註五三）

工部尙書毛昶熙七月初二日自京起程，初五便抵天津往晤曾國藩、崇厚。當瞭解法使羅淑亞並無動靜，聽說法使有意要回天京之後，毛昶熙便立刻拜訪法使，告以天津滋事之案完全在地方官設法議辦，就近與公使商酌；假定公使回京徒增公文往返延誤時日。雖然經毛昶熙剴切開導，終歸無效。法使遂決定於七月初九日由水路回京。至於津門海口停泊幾艘外國兵船目的爲何？經毛昶熙詳加查察尙無上岸滋事可能。毛昶熙報告接洽經過之後，於七月初七日致總理衙門書信一封，十一日再由總理衙門恭呈御覽（註五四），信函內容重要如后：

王爺殿下<br>大人閣下：敬肅者，本日（初七日）未刻曾肅會字第壹號函件由驛遞呈計初八日可呈鈞鑒，至戌刻羅使偕德翻譯來寓答拜。始而詞氣尚平，據稱該使之意與威使相符者係永遠和好不動兵戈。與威使不符者，此次之案不能照中國律例必須照法國律例辦理方可對該國暨各國官民。昶熙詰以究竟是何主意不妨明言，該翻譯答以緝兇一層必須多拿正犯，且傷害柔弱婦女，外國律例又極重。昶熙答以實係殺斃婦女正犯亦可酌量加等治罪。該翻譯又以將來崇大臣出使所遞國書必須詳敘案情，並須另備國書言明日後設法認眞保護。昶熙答以此次出使原爲天津之案，所說兩層均可敘入，無須另備。該翻譯又以前任天津府縣暨陳提臺三人須仍前議抵命。昶熙答以現已將府縣交部議罪，如果訊有主使情形刑部自必按律問罪。至陳提台於此案毫無牽涉，豈能苛求。該使等遽爾神色大變，謂若不照議是不欲和好，難免兵端。昶熙答以中國律例無論官民大小罪名，必須審有實據方能科罪，斷不能枉殺無辜。該翻譯稱稱何以實據，吹毛求疵即可將其殺卻，如貴大臣不能自主惟有即日進京到總理衙門見王爺，當面議論並將貴大臣今日之言據實上達各等語。昶熙答以此事非但總理衙門不能作主，即國家亦萬無寃殺職官之理。該翻譯云若不照辦將來兵端一開，中國法國孰爲吃虧。昶熙答以此則不能預定，但無論何國吃虧兩國既立條約總以力保和局爲是。況治罪已屬曲從抵命萬不能允，當即悻悻而去。查昶熙到津，初晤該使等所言頗近情理。方冀留住該使等在津，漸漸將各事圍攏，維人性情不可測度。昶熙前函中早經料及，然所請稍近情理，無不委曲求全，以顧大局。不意該翻譯堅執前說，幾同狂吠。即設法挽留亦未必能聽，必氣燄愈張挾制更甚。適崇地山（崇厚字）來寓亦謂萬難俯就，只好聽其去留。該翻譯臨行時曾問陳章京在寓否？適值因公出門未能接晤。擬明早遣該章京往見該翻譯再行探其口氣，並果否明日起身再行飛佈。專肅馳達敬請台安　毛昶熙謹肅　會字第貳號七月初七日　亥刻（註五五）

從這封毛昶熙致總理衙門信函中看出法使羅淑亞、德繙譯等，必欲置府縣及提督三人於死地。雖吹毛求疵無眞憑實據也要三人於抵償之例。法使故意要挾取鬧，毛昶熙、崇厚等均表示無法允從，豈是蕭一山先生在「清代通史」卷下第六九四頁內云：「崇厚力主府縣議抵，又乘勢言法兵强礮利，不許即將發難。」等的情形。從毛昶熙的紅本信函中可知崇厚絕不是力主府縣議抵的人。羅使見津門已無商量餘地，便立刻回京，羅淑亞及威妥瑪分別於七月初九日初十日先後起程回京。七月初十日又奉上諭：「至爲首滋事之犯，著仍遵前旨趕緊緝拏以爲轉圜地步。曾國藩等務當妥速籌辦上維國體下順輿情以期力保大局。」曾國藩等便遵旨嚴飭天津新任道府官員等緝兇查辦矣。

爲了加强近畿的防守以備中法決裂之時，前經奉諭酌帶各軍剋日起程馳赴近畿的李鴻章，於六月十二日自潼關起行，一路上迭獲上諭，感觸良多，於七月初五日上摺覆陳酌帶各軍赴直隸省（河北省）緣由，內容如左：

督辦陝西軍務協辦大學士湖廣總督　李鴻章

奉爲欽奉密諭（六月廿八日）酌帶各軍剋日起程馳赴近畿一帶相機駐紮，恭摺覆陳仰祈聖鑒事。竊臣前抵潼關派兵分路進紮，業經奉上諭著進駐西安隨時相度機宜，會商蔣志章次第妥辦等因欽此。當將周盛傳進軍北山糧運各事科理粗定。即于六月十二日自潼關起行赴省沿途阻雨。二十七日始抵西安，正與蔣志章籌布防務。七月初四日承准軍機大臣密寄六月廿八日奉上諭天津一案，曾國藩奏請將辦理不善之天津府縣交部治罪等因欽此，臣伏讀之下震悚焦急莫可名言。前准總理衙門暨曾國藩函知津事原委，臣竊料夷情叵測，即商請曾國藩酌調親軍勁旅移紮附近衝要。若該酋無理取鬧尚可稍有搪抵，並密飭現駐直東之臬司劉盛藻，丁壽昌各帶銘軍相機準備。昨接曾國藩六月二十三日函稱法使羅淑亞照會，將天津府縣抵命。該府縣並無大過，不得已奏交刑部治罪，已覺内愧方寸外干清議等語。臣正增憂茲蒙聖明指示斷不能如此辦法，仰見權衡至當。該酋等平日脅朝廷以制官，脅官以制百姓，其心固甚畏百姓也。今未根究下手兇犯，先欲官爲抵償，不但無以服天津士民亦無以服天下庶臣之心。夫是非者立國之本，此案屈在津民業經事事認錯，情理備至。而羅淑亞等恃強逞忿不論是非之公，並欲使我國紊亂其是非，政令隱忍遷就後何以立國。想毛昶熙丁日昌到津後必與曾國藩等妥商，趕緊訪拏兇犯議抵。惟該國既召兵船到津，聞復往安南等處陸續徵調。京畿根本重地豈可束手受制於人，誠如聖訓亟應豫籌備禦。臣昔在蘇滬與洋人久相交涉，所部將士與洋兵曾共戰陣。習知其平素伎倆，專恃火器、水陸船砲我軍或難與爭長；陸路野戰彼族亦難操必勝。蓋大砲笨重不宜運行，又洋人不能自紮營壘，一敗則無歸宿也。迭准左宗棠咨函甘省軍務漸有起色，陝回敗殘無多，期之歲月必能得手。聖主可釋西顧之憂，微臣當以畿輔爲急。現已傳知郭松村、周盛傳等督催各營速整行裝，尅日分起啓程。臣擬先帶馬步親軍八營於初七日由西安進發至潼關渡河，取道山西馳赴近畿一帶擇要駐紮，居時請旨遵行。一面咨商湖廣督臣李瀚章，趕飭後路各台局改道解運餉銀軍火以期接濟無誤。其陝省防勦事宜遵即知照

左宗棠、蔣志章妥籌辦理。所有配帶各軍剋日啓程赴直緣由謹擬摺由驛六百里加緊覆陳。七月初五日（註五六）

李鴻章另片請飭派劉銘傳赴營，由於他歷勦捻各逆，紀律嚴明威望素著。所部銘字馬步各營，經曾國藩奏交劉盛藻、丁壽昌接帶，拱衞畿輔。上年劉銘傳因傷病復發奏請開缺在安徽六安州調養。七月十一日遂奉諭：「著英翰即行傳諭劉銘傳，剋日兼程赴營以資統率。駐紮張秋銘軍馬步各營，業經曾國藩調赴滄州一帶，並著知照該提督，探明前進以期迅速。」朝廷就這樣調來了李鴻章的軍隊並傳諭劉銘傳統率軍隊以拱衞畿輔。

天津原任府縣，因天津教案發生後，不久即經參奏革職。經由曾國藩六月廿三日奏明將已革天津府縣張光藻、劉傑交部治罪。惟革員等應得之罪亦應在津取有親供質訊明確，再行交部覆議。於是七月十一日奉旨著錢鼎銘（直隸按察使）即行派員將革員等解往天津聽候質訊。這是對天津府縣職官初步處理。

辦理天津教案清朝的另一功臣是原任江蘇巡撫的丁日昌。早在同治九年六月廿八日朝廷鑑於曾國藩觸發舊疾，而病勢甚重。便諭令丁日昌星速由蘇赴津幫同辦理，並令張兆棟護理江蘇巡撫。七月初六日再密諭，一面傳知張兆棟護理江蘇巡撫印務，一面料理啓程。由於他有八十九歲的老母臥病在床，必須將醫藥一切設法按排。七月初八日丁日昌交卸江蘇巡撫並兼程北上，由蘇乘小輪船至清河，再由清河起早前進，晝夜兼程。丁日昌對於天津教案中地方官的看法於他七月初八日的奏摺發表他的看法：

維此次教堂用藥迷拐既查無確據，而百姓滋事之時又未見地方官認眞彈壓，洋人忽激要求自必出於情理之外，然百姓當可諉爲不知輕重緩急。至於地方官明知時勢艱難元氣虛荼，當百姓紛紛聚衆之時，果肯認眞彈壓，即使因而受傷亦當可平其氣而釋其疑。乃任百姓逞一朝之忿遂致國家受無窮之累，過誤似亦不輕。（註五七）

由於法使無理要求，足見法國有意搆釁，因此中國必須暗中設防。至於中國當時沿海沿江設防情形，在丁日昌的另一奏摺中說得很詳細：

……天津民教互鬥一案，在法領事（豐大業）凶戾性成固屬禍由自取，然傷斃彼族官民教士至二十餘名之多。在羅淑亞虛憍矜張難保不捏情虛報。而各國倖災樂禍覬覦將來得有優異一體均沾，亦無不極力慫恿從旁幫助冀開兵端。即一意主撫亦必先能守而後能撫。是則暗中防維一端，實爲目前切要之舉也。惟向來外國搆衅專以水戰所長，而法人則兼長於陸。現在沿江沿海所設防兵如長江外海水師船隻不過舢板、廣艇之類。若在江海陸遇風濤兵勇即顚簸不能站立，何況打戰。其製造局新造輪船，合江閩二省不過四、五號，身小力薄。以捕海盜則有餘，以禦外侮則不足。而且船中多係洋人駕駛，設遇有事發縱亦難如意。此沿江海口岸水師之實在情形。（註五八）

因此丁日昌主張目前之事勢，適宜羈縻爲萬全。同時深知「兵端不可自我而開：蓋發之匪難收之甚艱，固不可不躊躇審重而出。」的道理。丁日昌起程後因沿途積水未消，深至二、三尺不等，並觸暑遄行復患舊日吐血之症，晝夜兼程，七月二十四日行抵天津。丁日昌幫同曾國藩、毛昶熙會商，勒限府縣必於數日內，將兇手儘數緝拏。他的辦法是：

……一面飭天津道密傳縣中捕快八班，先行給予重賞令其購線，緝獲逾限則將該役嚴辦，大約如此大案總須緝獲四、五十人，分別斬絞軍流或可虛抵多而實抵少。將來兇犯供無前任府縣指使，則府縣之不能正法更可不煩言而解。總之理所能允之事，先爲認眞妥辦。然後理所不能允之事，方可與之力持。若議抵議賠之後而彼族獨要求無厭，似可邀齊各國公使與之評理。一面密飭各口陸兵以守爲戰，並重價雇布美等國兵船搗其安南後路。一面欽派大員出使各有約之國宣布其無理，邀眾國而共責之彼。英俄等國，此時但恐中國官吏無彈壓百姓之威權，致異日彼族蹈聚殲之覆轍。是以汲汲然聚而合謀於我。若既爲議抵議賠則各國既無切身之慮，勢必從中理阻。想不願兵連禍結，致誤貿易大局。惟議抵議賠二事均須從速辦理，一氣呵成與之定奪，庶免遲延愈久枝節愈多。至泰西各國專以戰鬥爲業，船與砲皆有日新月異之勢。西、北、南三境皆將與我接壤，東又有日本狡然伺釁而動。我若不破除因循積習以飭吏治，更改綠營兵制以練精兵則一波未平一波又起……（註九九）

這是丁日昌到達天津後的行動計劃，實際行動容後再陳述之。

法使羅淑亞於七月十四日回到北京，經總理衙門恭親王的按排，十五日羅使便率同翻譯官德微理亞抵衙署，經奕訢接見。該法使與奕訢相互辯論，其詳情可在七月十六日奕訢的奏摺內看到：

……該使臣仍以主使歸咎於府縣各官，持定前議不稍通融。雖經臣等正言駁辨，仍執前言。臣等亦堅與爭持毫未鬆勁。該使臣又以曾國藩到津五十餘日，辦理遲延並無確實辦法。當答以曾國藩一到津郡，即爲查拏兇犯，修葺教堂，並爲奏請昭雪種種認眞經理處以破其遲延之說。渠又稱兇手尚未拏獲，則告以現在已先後緝獲多名，正在詳細研訊。又謂教民慘被非刑，備極酷毒，該地方官似此情形應請查辦。復答以此事當可查明實情。此臣等與羅淑亞此次由津到京初見辯論案之大概情形也。總之該使臣非理之求斷難遷就。而於近情之請必當趕緊辦理以求中國誠懇待人盡其在我之意。相應奏請飭下曾國藩、毛昶熙悉心籌商一切。確訪案內正兇迅速拏獲歸案訊究，毋任漏網並查明教民酷受非刑一節是否屬實，詳細覆奏以憑核辦。（註六〇）

同治九年七月十三日奏諭三口通商大臣崇厚著即來京，遺缺由總理各國事務大理寺卿成林署理。在成林未到之前，由毛昶熙暫行署理。成林於七月十九日上摺（註六一）因現辦民教滋事一案尤關緊要，必須勷辦得人，便遴委戶部候選員外郎舒文及四品銜內閣候補讀丁士彬二員，七月廿八日抵津，於廿九日接印任事。

法使羅淑亞於七月廿六日給總理衙門的照會因詞意不甚可解，內云：

……天津釀成之變已至今已經兩月有餘，本大臣難言除中國未用辦理之善法以息本國忿恨之氣外，又且中國官於辦此案各種情形於心實有不平，且難望本大臣仍前遂汝在事者願爲之人而損本國之體面，並有虧本大臣在應行之保護。論天津滋事之百姓，因有主使在領事署殺斃領事官暨副領事並在署之客官夫婦及商人等，在教堂中慘殺教士，在仁慈堂中辱殺貞女並將領事署、天主教、仁慈堂等處財物搶掠一空放火燒燬擅敢拆取本國旗號。……請貴親王准許指明中國官褻慢之行動即在本大臣告天津府縣及陳國瑞事內昭顯，查本大臣在津郡之時不訊問該官犯，謂此犯應由刑部核辦。迨本大臣甫入都門即聞將該官犯又解回津郡，如此辦理未審有何可取。……必須中國心地開展，洞明法國所受之害過重。故所應用之辦法惟妥善可補，仍應籌畫出常乃爲勻平。並望貴親王急出兩個月所行之道以入公平之徒（途）。……並於情法兩得其平……（註六二）

總理衙門接獲法國照會後於七月廿八日給法國照會一件，對於天津五月廿三日發生民教滋事的起因加以分析，並論曾國藩嚴飭拏辦匪徒並未嘗謂其情有可原欲減津民之罪予以剖明，該項照會意義重大抄錄於後：

爲照覆事，同治九年七月二十六日接准來文以津民滋事一案，法國受害甚重應用辦法唯妥善可補，仍應情法兩得其平等因照會前來。查中外辦事誠如來文所云：必須情法兩得其平。天津一案若不將自始至終實在情形詳細列俟，即情法兩字亦屬無從懸斷。此案津民發難之始實因匪徒迷拐幼童，妄疑教堂主使而起。其殺傷領事之地係在通商大臣署外並不在領事署中。當豐領事往見崇大臣時若不向崇大臣連放三槍，即放槍後能聽崇大臣勸阻暫在通商大臣署中躲避，亦不至遽爲津民殺斃。即如貴國人古得力亦同豐領事到通商大臣署中，彼時經崇大臣留在署中事後用轎送往紫竹林即未被害豈非明證。……至天津一府一縣業經因辦理不善革職訊辦，先係解京交部審問，因貴大臣赴津是以改爲解津以便就近聽取供詞。及本月十一日甫經奉旨不意貴大臣已於初九日由津起程回京遂爾相左。……其府縣供詞亦即確取送京交部覈辦，毋任再遲以副貴大臣情法兩得其平之意。除俟正兇拏齊咨覆到日再行照覆……。（註六三）

法公使羅淑亞接獲中國照會後於七月卅日照覆云：

爲照覆事，昨閱貴親王照會一件，本大臣不便隱飾其中實有未妥，因本大臣所辯之理並未詳查而推置。是以思揣不必再辯。現今所餘儘止有一意係候刑部覈辦完結後再酌量何法以遵本國所指。（註六四）

在天津案審訊前天津府縣官員前的中法照會往返便就此告一段落。

## 二、教案的審訊

### ㈠審訊天津府縣等原任官弁

同治九年五月廿三日天津教案發生時，天津府知府是張光藻，天津縣知縣是劉傑。天津教案造成嚴重災難，知縣、知府、道州雖儘力壓制，但教案的後果影響其巨，頭緒紛繁，雖經三口通商大臣崇厚，奏請直隸總督曾國藩前來處理。由於法使羅淑亞一意要求府縣及陳國瑞議抵，無法議結，因此才有審訊天津府縣的經過。

首先在天津教發生後，六月十六日曾國藩與崇厚等奏請將天津府縣撤任聽任查辦，並擬派員署理。該府縣被撤任後，即日請假離津。當時曾國藩以爲府縣等兩員並無大過，也就答應了他們的要求。這樣張光藻便前往河北省南部的順德治病求藥，而劉傑則前往密雲（河北省北部順義縣東北，屬順天府）安置眷累。但後來因爲法使羅淑亞於六月二十二日遞送二十一日照會內要求府縣及提督陳國瑞即行抵命的要求。曾國藩與崇厚經商量酌定於六月二十三日一面照覆法使，一面奏請朝廷以該府縣事前（指天津教案）不能防範；事後又不能速獲兇徒，厥罪難寬。一面簡選丁壽昌署理天津道員，馬繩武署理天津府員，蕭世本署理天津縣員。

六月廿八日朝廷明降諭旨，將天津府縣革職交刑部治罪。到了七月十一日朝廷改解已革府縣赴天津，認爲他們應得之罪，應該在津郡取有親供，俟質訊明確後再行交部覈辦，方昭平允。故諭曰：著錢鼎銘（天津按察使）即行派員將革員等解任天津，聽候質訊。（註六十五）次日曾國藩等奏法使仍執前議徑行回京商辦一摺。朝廷表現堅決態度，羅使無理要挾，所請府縣抵償一節萬無允准之理。並要求總理各國事務王大臣自能堅持定見力拒詭謀。這給曾國藩一個定心丸，並使已革府縣等有重見天日的感覺。七月十六日朝廷不見曾國藩等奏到張光藻、劉傑是否已到天津。故又下旨錢鼎銘將該員等迅速解到天津，趁此洋人在京趕緊取具親供，由曾國藩等奏明辦理。

由於密雲、順德距離天津較遠，曾國藩命臬司錢鼎銘委員分提飛騎兼程而道路遙遠，水潦阻滯，因而不能迅速到案。已革的天津縣知縣劉傑，是七月十九日到密雲，在甯姓家中居住。密雲副都統景豐奉命將劉傑傳出，委派佐領思福協同委員王霖於二十二日押解起程，於二十五日解到天津。已革的天津府知府張光藻亦由錢鼎銘委員押解，十八日由順德起程，二十七日亦已解到天津。府縣遞解到津，曾國藩會同丁日昌審訊取具該員等切實親供以憑辦理。

就在這個時候，總理衙門來信稱法國繙譯官德微里亞遞到洋文照會（即天津滋事記），經交同文館洋總教習丁韙良繙譯漢文，大意言府縣及陳國瑞提督主使天津教案的證據。而府縣的審訊也就按照照會所指各節逐一詳細質訊，敘入供摺中。因此這一篇天津滋事記成爲一般的起訴書了。玆鈔錄於後：

羅大臣聞得法民在天津被害遂盡力查訪，行兇者爲誰？刁唆者爲誰？於未出京之時。據所查情形天津府縣與提督陳國瑞罪皆難辭。羅大臣即將此情達之於曾制台，請爲詳察三人所行，嚴究懲辦。閱數日即赴津，得有確據使此三人無可推諉。於是復爲懇切函催制台，將此兇徒究辦，内云：

軍律既行於天津審問無須遵循常例，惟恐延宕時日，若速行結案，既可雪法國之冤而息其仇恨又可平靖地方，令津民盡知刁唆行兇之輩國法必不輕縱；無如曾制台不能與羅大臣意見相同，其情形遂益覺難辦。羅公使以爲當將府縣並陳國瑞正法之故達之總理衙門與各國欽差皆知。然欲以所告三人事端一一詳述，必先由曾制台所察明確有三：一、民間謠言所告西人與奉天主教之人情事全係子虛無憑。二、此謠言係由官紳播散，總未見出示辯其訛謬。三、在天津各衙門未見有人民以迷拐幼孩之事控告存案。於五月二十三日法國領事官副領事，住署之客、教士、貞女並法俄商人等盡皆斃命，淒慘可憫，其兇險情節無須追述。所要者惟將三人所行據實指明。至知府倚恃曾制台保庇，自蒞任以來三月之久，常以天津官員謹遵條約爲怪，以遵約爲前任官員軟弱無能此語在案可考。但以言語不足洩恨，復以鬼計聳動人民或以威逼之使民之輕信者懷忿怒揆其意見。乃唆民以行怪情事入告。雖無稽之談民是入耳。此等案件於能者辦之足以鼓動民怒，適得二人口供（係指張拴郭拐迷拐李大羊一案）訛詐，然二人力弱所供反復無定。該府將伊等立即致決，乃令知縣將二人速行正法。彼時軍律尚未宣示，然知縣亦敢諫阻而不行。查按律審斷命案義例多端，該縣竟不按律實爲越權而行。此案既由知府牽連而不可脫，至令府縣二人互相推諉。知府既得知縣同謀紳民又呈送萬民傘並牌位以誌感戴。（此二物民有受逼壓而捐助者，蓋若不捐則將指作漢奸偏向西人而訕謗之矣）訛詐之口供已經成功，該府所指明道路民無不欣從，然民所獻之物該府辭而不收，云予所作乃分所應爲，正法二人不過開端，予所圖乃更有重大之事耳。該府既知所爲皆順民心，遂率知縣出示愈加煽惑而口供訛詐之三人有一尚存，名武蘭珍，伊所供與告示之意符合似作實據言，曾被教士所使之教民迷住。又指有王三者迷述（術）引誘人民入教堂，所供之事民皆喜歡聽，互相傳播，既被府縣告示聳動更被供言激發。官員遂借安慰民心爲名往查教堂，終無所得。惟揚言曰西人護庇罪犯不肯交出，查驗教堂與教士住宅時，武蘭珍不能指出一物以證其所供。眾民於門外擁擠，官員不欲民知查驗之無效，遂帶武蘭珍而回。竊思該犯若令當眾食其前言則事必中止（終）或知府一言而眾怒頓釋。適有人以情達於崇大臣。府縣於是回署竟任陳國瑞與河旁人眾成其事。知府在衙聞聲鳴鑼火會盡集各帶器械預備放火殺人燒燬公所教堂。知府聞見人聲大鬨出衙，但見火焰沖天以爲此事漸已成功矣。遂仍進署聽任所激之兇徒，肆行污毀拆壞仁慈堂。閱數日知府見其同謀者於各省均無成功。國家於京師又極其防範，此等兇惡遂慮及所以飾非之法。自謂莫妙於捉拏教民用刑逼令認罪，但未敢明拏教民，便設計出示許有捉拿罪犯者皆得重賞，內言不可捉拿教民後有數人隨即拿到。詎意除一人之外盡係教民。而此人曾領仁慈堂茶粥身上帶有牌照，遂用刑使之承招。酷刑駭人聽聞，有一人因不肯承認遂將香柱放於背上以炙皮肉如此七日，終將香柱置於鼻孔內以燻燒之，更將骨節挫損。武蘭珍從旁指使如何訊問教民，受此酷刑者今有二人死生未定。知縣於五月二十二日往領事公署以危言對豐領事云，若不立將即用邪術之王三等交於我手則眾怒難逃。次日領事出崇大臣之衙，欲死於公署。該縣唆動百姓令眾攻之。從後喊之叫曰追趕、追趕。豐領事已受重傷即對知縣放手槍，惜未打著。知縣回署遇有仁慈堂孩童聚集多人在彼，並若干兇跡帶血插於槍上中有貞女之兩手，時有兵丁當知縣目前掌責幼童曰這是爲你的嬸嬸。該縣覯看甚樂，聽兵丁自誇強姦兇殺之事。更有一事足使爲其罪狀明顯，查私造兵器雖爲例禁，該縣於此事之前已令人製造。今於天津鐵舖有兵器出賣，府縣所作明顯預謀。蓋於二十二日二人偕往崇大臣衙門欲窺大人之意，勸其相從。崇大臣答云天主之道最爲良善，民雖遵行不致作亂。何以如此逼迫，可惜崇大人以正言相規而二人不納也。至提督陳國瑞帶兵至津已有數日，早懷不良之意，爲官員所素知。迨事端既出，伊離船頭進客店復乘馬獨至河岸與領事公署相近。彼時浮橋經崇大人解開實有救亂美意，無奈陳國瑞擅自令人將浮橋搭上致害命流血之衆兇一齊渡河，更以語言勉之曰燒罷！燒罷！予必偕汝聞知天津有好孩子滅外國人罷，毀壞他們的房屋。查陳國瑞平素所行皆與此相類。兩年前，捻匪搶劫河間府教堂伊與分贓。伊北來豈無留跡於金陵、鎭江、揚州等處乎？且以大員遇此事強辯欲置身局外，自謂焚殺之時在船上與童子作樂更作何等人品呢？茲所引之事皆有見證、可據足考信。若徒以風聞而絕無確證則一事均不敢記載也。若以西法審問明查證見三人更無可逃，既在中國而曾制台並隨員冷心緩辦，確據尚有如此之多，實出望外天津居民無論中外，凡羅公使所得遇見者無不同口一辭以爲府縣陳國瑞三人罪狀昭昭。惟曾制台視此證據當爲揑造謠言，蓋制台遂令伊所告之三人出境不使其先能辯明無罪實爲奇怪。府縣固未親手殺人，死者皆被火會等兇手所殺。兇手之姓名在人口唇上，甚有云聽人自誇扎死豐領事。行兇之輩固當懲辦，然中國之刑部先當究治起意主使之人。國家若仍如五月二十三日以來優游蹉跎則不免有傷國體，不但法國即天下各國必致輕看，國弱無力懲辦兇徒或從惡謀而不願懲，實爲之凜然而深慮也。（註六六）

已革府縣經曾國藩等的「審取確供」，於八月十四日咨呈軍機處，並於八月十五日恭摺會奏，報告會審府縣經過情形，摺內書寫明白照錄於後：

己酉　大學士兩江（八月曾國藩調任兩江總督）總督曾國藩等奏，竊臣等七月三十日將提解已革天津府縣到津日期，恭摺奏報。奉上諭羅淑亞所遞洋文，即著曾國藩按照所指各節逐一詳訊，取其切實親供，其事所必無者固應明白剖晰；其情所惑有者，亦不可諱飾避就。庶有以折服洋人之心，不致再滋口實等因欽此。臣等查府縣改解津郡，朝廷權衡至當，具有深心。疊奉諭旨催取該革員等親供，以爲辯難之資。而總理衙門來書，府縣擬抵一節，亦皆堅持定力不肯曲從。正論持之自上，已足張國勢而懾敵情，臣等曷勝欽佩。張光藻、劉傑抵津後，即據呈遞親供。臣等彼此面商，誠恐供詞內仍有不實不盡之處，上負聖主矜全之恩，下授洋人吹求之病，議由臣等在津先加駁詰。凡該員等敘供有本係疏虞，意存迴護者，亦有本無大過語未分晰者均經臣等摘出詰問，令其逐條登覆。其羅淑亞所遞洋文，由總理衙門鈔寄到臣，亦令該員等按照所指各節一一供明。羅使照會內稱此次洋文業經分送各國，意謂懸之國門垂爲定論。府縣供詞亦必令各國共知，推問尤宜覈實。臣等令署理天津道丁壽昌，會同臣昶熙臣成林奏帶之司員臣國藩奏派之道員，先行會審。臣等旋親加鞫問，務令該革員等心服。

仍復有辭以對洋人方爲確實。謹將府縣親供，及登覆洋文各條，鈔送軍機處，備呈御覽。臣等細覈此案，雖由謠言肇釁而百姓之聚眾滋事，實緣豐大業之對官放槍，倉猝致變。未經放槍以前，該領事怒責巡捕，趨赴商署持械出入，百姓並皆讓路，任令行走，初無傷害之心。若使豐大業不兩次放槍，必可安然無事。迨至滋事以後則眾人洶洶，已成不可禁遏之勢。該府縣等臨時失於彈壓，事後不能緝兇，揆其情勢，雖亦不無可原。惟地方釀成如此大變，邊釁幾從此開，自非尋常因案被議者可比，相應請旨飭下刑部覈議具奏。其應如何定讞之處伏候聖裁。……（註六七）

曾國藩等咨呈軍機處的親供等件一本，即由軍機處恭呈清穆宗皇帝御覽（註六八），這一本府縣親供等件（註六九）其目錄計：

張革府後呈定供（初供未錄）

劉革令後呈定供（初供未錄）

張革守登復總理衙門函訊各條

劉革令登復總理衙門函訊各條

張革守補答洋文所指各條

劉革令補答洋文所指各條

張革守登復曾部堂詰問各條

劉革令登復曾部堂詰問各條
張革守登復毛部堂詰問各條
劉革令登復毛部堂詰問各條
張守劉令登復丁部院詰問各條
張守劉令之家丁轎夫人等口供
張守劉令前後所出告之稿
張革令錄呈同治三年通飭文
劉革令差役所具甘結（供册用紙係味清芬室四寶齋製）

這本曾國藩等咨呈的親供等件內，張革守（張光藻）後呈定供與劉革令（劉傑）後呈定供，內容與本文前面所述部份相同，因此從略。重要的在於張革守、劉革令登敘補答諸條內容，也就是他們答辯的內容，看他們如何申訴，並將其他內容鈔錄於后以明瞭事件的整個情形。

張革府登覆總理衙門函訊各條

張守將總理衙門函內查訊各條逐一登覆：

一、奉訊洋文內稱知府蒞任三月以天津官員謹遵條約爲怪，且以前任官員軟弱無能此語在案可考一條。查中外和好有年，地方官無不謹遵條約辦事，革員前在任縣邢臺并正定府任內審理民教案件悉皆持平辦理並無一案上控，若使不遵條約則前此居官早當以貽誤獲咎矣。即如天津府與外國交涉事件無多，惟外國人游歷内地，執照内需用府印一顆，革員在任時均係隨時隨即並無片刻遲延此亦謹遵條約之一證也。前任官員於何事見其軟弱亦與革員無干，何暇談論及此。至謂此語在案可考尤可詑異，凡衙門必有公事始有案卷，若以謹遵條約爲怪以前任官員爲軟弱，此等悖理之談並非公事豈有載諸案牘者。

二、奉訊洋文内稱知府向紳民道及正法二人不過開端所圖乃更有重大之事一條。查自到任後公事甚煩，並未與紳士接見民人分卑，更不能無故與之交談。惟五月十四日將張拴郭拐正法以後，十五日在雨壇内與同城文武會晤，有大沽協張秉鐸，左營游擊左寶貴向革員面稱昨日將二犯正法外間都説辦理甚好等語，革員言拐匪情實可恨，而殺人事關重大豈可以此居功，但願匪徒從此斂跡地方無事爲幸。革員對同寅之言止此，至謂向紳民道及正法二人不過開端，所圖更有正大之事何從得此荒誕之語，請傳紳民查問則不辯自明矣。

三、奉訊洋文内稱該府率知縣出示武蘭珍所供與告示之意符合並剜眼取心之説究自何來一條。查張拴郭拐夥同逸犯馬成用藥迷拐靜海縣幼童李大羊被永豐屯地方張永安拏獲送案，經劉令訊明供證確鑿並據該犯等供稱，前在山東曹縣地方曾經迷拐幼孩一人，剜眼取心並取天靈蓋配藥屬實，犯供如此是以告示有此一語。至武蘭珍但供王三，授以迷藥，五月十六日先在穆家口迷過行路一人，交王三領去。五月十九日晚迷拐桃花口人李所被獲，並未供及剜眼取心之事，與告示並不相符。

四、奉訊洋文內稱該府縣查驗教堂無證，揚言謂西人護庇罪不肯交案等語一條。查五月二十三日查堂事畢，出教堂門，先經劉令以查驗情形不符面諭百姓散去。革員並旋即稟覆商憲議定速出告示以釋民疑。革員等赴堂查驗本爲息止謠言起見，豈有查驗未符反自散謠言之理。凡地方謠言過多未有不滋事者，地方滋事本官未有不獲咎者。人即不知事勢斷無不自愛功名，故地方官無論賢愚均不願百姓煽動浮言自取咎戾。若革員等查堂無驗反揚言西人護庇罪犯不肯交案，是轉以百姓滋事爲可樂，焉肯悖謬如此。

五、奉訊洋文內稱該府設計出示，捉拏罪犯者皆得重賞等語一條。查張拴、郭拐正法以後，出示懸賞係專指拐匪而言。當時犯供初未牽涉教民，即革員出示亦未波及教堂一字。洋文所稱不知何謂賞拏拐匪便是圖害教民。豈地方一有洋人傳教即不許中國拏犯乎。至拏獲拐犯武蘭珍、安三二人，一爲教民一非教民，當時查拏亦止問迷拐不迷拐，不問入教不入教，民教一律初無異心。其教民王三則始由武蘭珍供出，繼由百姓燒堂後送案並非懸賞購獲之人。武安二犯均供迷藥得自王三，既經迷案豈能不問。此亦安有民教之別，若能諒，出示懸賞係泛指拐匪而言，初不與洋人教堂相涉則庶乎免於戾矣。

劉令將總理衙門函訊各條逐一登復

一、函訊據洋文內所稱府縣查驗教堂無證，揚言謂西人庇護罪人不肯交出等語。謹查是日查堂無證，革員出堂即將犯供與教堂不符之處，告諭眾人飭令各散。查堂原爲解示群疑起見，豈有揚言西人庇護罪人之理。

二、函訊據洋文內稱有兵丁當知縣面前掌責幼童，該縣觀看甚樂等語。洋文所稱兵丁掌責幼童謂在革員回署之後，是時仁慈堂救出幼孩由百姓送府轉發到縣。革員即經籌款交全節堂收養。向來兵丁遇地方官無不讓道遠避者，兵丁掌責幼孩搶上懸掛女手，無論事係必無，萬一有之，革員身爲縣官所致差役前呼此兇跡何能達于革員之目。至謂兵丁自誇強姦兇殺之事，查二十三日變在倉猝，兇殺固所不免強姦則勢所必無，萬目共睹，雖極兇暴無恥亦決不能白晝行姦。此等污穢之行又何能達于革員之耳，是皆不辯自明者。

三、函訊據洋文內稱所拏教民，用刑逼供並將香柱置鼻孔燻燒，將骨節挫損等語。謹查革員承審安三、李兆恒並無用香炙背並燻燒鼻孔情事。安三係差役趙春於下堂後用烟火燒傷。李兆恒係差役田得奎於下堂後用潮烟鍋燒傷。革員曾派查班管家人查出稟明，當經革員訊明取結看押移交後任究辦。至於所稱用刑逼供一節，查安三係同被拐之李二格一併送案到堂供認不諱，此乃供認確鑿亦何事再用刑逼。李兆恒雖經幼孩劉長庚指稱被拐，該犯堅不承認，稍事刑求。然其送案係在五月二十三日滋事以後，當時既已出有大案方且安撫彈壓之不暇，豈暇日用酷刑周內拐匪，不惟理所未有亦且勢所不能。此外教民則係教堂被焚後由縣收養未經打過一人。

四、函訊據洋文內稱該縣于此事之前已令人製造兵器等語。謹查二十三日滋事之後縣民間有打刀防身者，經革員等查知嚴禁，並奉商憲面諭傳飭各鐵匠不准打造，此係眾所共知。若謂革員於事前令民製造兵器，不但顯違例禁且使家家持兵，則鬥毆人命之案必多，抗官拒捕之事又起，於地方官深有不利，革員雖狂愚何至引虎自衛若此。故民之製造兵器事後或有難免，事前決其必無，應請察鑒。

張守將洋文照會指出各條逐一登覆

一、洋文內稱謠言係由官紳播散，總未見出示辯其訛謬等語。查五月二十三日以前，傳言河東地方法國仁慈堂埋葬幼孩有一棺三兩尸者，事關外國未便明查，即未便遽爾出示。至鬧事以後，革員曾經出示不准滋擾教民，並有傳教係屬勸人爲善並無別情等語俱有示稿可查。

二、洋文內稱適得二人口供訛詐，該府令知縣將二人速行正法等語。查洋文所稱二人想指張拴、郭拐而言，該二犯被獲係同被拐之李大羊一併送案，經劉令審訊多堂，供證確鑿。是時革員尚在滄州，迨十三日回郡，督同劉令復訊供詞切實如前何云訛詐。二犯正法係照通飭章程辦理，此案並未牽涉教堂何與法國之事。

三、洋文內稱紳民呈送萬民傘並牌位以誌感戴等語。查革員居官素無要結民心之事。前在任縣邢臺及正定府任內百姓有送匾額衣傘者，從未收受。惟去任後懸掛匾額則有之。本年五月二十日風聞外間有送衣傘之說，革員與紳民並無往來無從傳諭。惟大沽協張秉鐸係屬同寅，革員託其轉諭紳民此事有干例禁，斷不可送，遂即停止並未語及他事。

四、洋文內稱知府聞見人聲大鬨，出衙見火燄沖天以爲事已成功，遂仍進署等語。查五月二十三日革員在署聽聞鑼聲急忙出署查問，傳言豐領事赴院放槍，已將崇商憲放傷，百姓因而鳴鑼聚衆等語。當將鑼聲喝止遂徑赴城外彈壓並未復行進署。府署相離教堂甚遠亦不能望見火光。

五、洋文內稱鐵舖有兵器出賣，府縣所作明爲預謀等語。查二十三日滋事以後聞民間有何鐵舖打刀者，革員當即面商劉令出示禁止。

六、洋文內稱二十二日府縣二人偕往崇大人衙門，欲窺其意，勸其相從等語。查二十日鄉民將武蘭珍獲案，訊供牽及教堂王三，民情洶洶謂教堂眞有迷拐之事，非稟商憲查辦不足以解群疑。劉令商同革員面稟商憲裁奪。至二十一日、二十二日兩日革員並未一至商憲，何得造爲此言。以上各條皆洋文照會所有而總署函中並未訊及茲特詳細補敘以備查核。

劉革令補答洋文所指各條

革職天津縣知識劉傑謹呈今將洋文照會內指出各條逐一辯明：

一、洋文內稱知縣於五月二十一日往領事公署以危言對豐領事云若不立將王三交出衆怒難逃等語。查二十一日先經周道往見豐領事，該領事力允代查。及至申刻革員奉崇商憲面諭續往。比到領事署，豐領事先令白先生見面，迨後領事自出。一見面即怒容滿面，謂挖眼挖心誰造謠言地方官何不禁止。革員答以並非爲挖眼挖心而來，但請查明教堂內有無王三其人，以便解釋民疑。豐領事口稱我愛查不查有話向崇大人說不向你說，革員即行告辭回明崇商憲。其後二十三日革員在浮橋彈壓並未與該領事交言，猶自向革員開槍。二十一日往見該領事盛氣相凌，若以危言頂撞，革員豈能平安而出領事之署。

二、洋文稱次日領事出商署，該縣唆動百姓從後追趕。豐領事已受重傷即對知縣放鎗等語。查是日革員極力彈壓而洋人反謂唆動追趕，豐領事未對革員放鎗。百姓均能讓開道路任令行走而洋人反謂該領事先受重傷，眾目昭然何至相誣若此。

三、洋文內稱二十二日府縣二人偕往商署欲窺大人之意，勸其相從，崇大人正言相規二人不納等語。查二十二日革員與本府均未出署並無見崇商憲之事。其赴堂查驗係革員等於二十一日奉商憲諭辦之件，若商憲囑令勿查革員等豈敢擅專。若商憲有勸令勿查之言，則二十二日商憲又何必親與謝教士商辦。此語請憲台函詢商憲便知虛實。

張革守登復曾部堂詰問各條

革職天津府知府張光藻今將親供內奉詰各條逐一登覆

一、奉詰張拴郭拐正法係遵照同治三年前督院劉（長佑）通飭辦理其通飭原文可抄呈否？二犯既正法曾否示諭百姓以息謠言，示內有無牽涉教堂通共出示幾次一併抄稿呈閱。查同治三年九月奉前督憲劉通飭各屬拿獲迷拐幼孩罪犯訊明後一律就地正法。此案張拴郭拐用藥迷拐靜海縣幼孩李大羊，被拐之人與拐犯同時並獲送案，經劉令訊明不諱。革員因案無可疑，即飭遵照通飭章程辦理，並出示嚴拏拐匪。該犯供詞並未牽涉教堂，革員亦是就案辦案，並未因外間謠言稍有加重，遵將通飭原文並示稿抄呈。

二、奉訊張拴郭拐迷拐之案，該守出示有剜眼剖心字樣究竟有無確據。查同治三年通飭係言拿獲迷拐匪犯，照京師辦理章程，訊明後一律就地正法。此案張拴郭拐同被拐之李大羊一併送案，所供用藥迷拐指證確鑿，革員飭縣照章就地正法，只爲迷拐罪有應得而然。至於拐匪剜眼取心按律本應照採生折割凌遲處，張拴等犯雖據供曾在山東曹縣拐有幼孩，剜取心眼並取天靈蓋配藥，惟是地隔千里遺失人口之家難於查傳，被剜棄失之尸又屬無從檢驗，斷難得其剜眼剖心之實蹟，是以酌照罪疑惟輕之意，將此節罪名從略。惟就迷拐之確有供證者照章辦理。至於出示仍有剜眼剖心字樣者，係因此等慘毒之案民情共忿。今張拴等均係中國匪徒顯與洋人無干，是以就其口供順爲敘入以釋群疑，其實處決該犯並不爲剜眼剖心之罪。

三、奉訊津郡傳言教堂埋葬幼孩一棺兩三尸，該府縣曾經查驗確鑿否？查外間謠傳一棺兩三尸之事，當時並無首告實據，棺已掩埋，豈宜造次開挖且係牽涉外國之事，尤未敢遽行查驗。

四、奉詰武蘭珍供情如未確鑿，自應就匪犯研訊何以遽赴教堂。查勘時，聚觀之人必衆，易滋事端耶殊不可解。查剜眼剖心之案，乾隆嘉慶年間即已屢見迭出，非因外國開設教堂而起，革員豈不深悉。惟武蘭珍到案即供迷藥係教堂內王三所授，是時闔城皆知。百姓不能盡知拍花匪徒起自何時，僉謂教堂所爲，而以武蘭珍犯供爲切實證據，群情嘵嘵不平，若不澈底查明虛實深恐百姓懷疑莫釋，必向洋人搆衅。是以于二十日與劉令請示商憲，蒙飭本道次早往見豐領事查問。豐領事云法國搜求苦人爲之撫卹，搜者不能得變而爲用藥迷人事亦或有因，許代爲查考。至晚無信，商憲又令劉令往問，該領事忽變聲口將劉令呵斥而回。二十二日商憲因自請教士謝福音查詢教堂內有無王三其人，遂定於二十三日巳刻本道率同府縣帶犯赴教堂查勘。是日門外之人，類皆游手觀看熱鬧，即未執持器械亦未怒罵喧嚻。又見於謝教士送革員出門時仍以禮相持，毫無恚慎則當時百姓並未滋事已可想見。

五、奉詰二十三日押帶武蘭珍前赴教堂查勘，何以不將閒人驅散。查教堂查勘之時，閒人跟隨觀看者衆，革員派令家人帶同差役柱門外持鞭驅逐不許逼近教堂。迨查畢謝教士相送出門，百姓並未喧譁，復經劉令將武蘭珍供情不符面諭百姓，當時衆人多已散去，革員與劉令約同赴院稟明一切。即經商憲邀請謝教士前來，議定章程嗣後教堂有病故人口報官驗明掩埋，其堂中讀書及豢養之老幼男女亦報明地方官隨時查看。革員等伺候商憲將謝教士送去後，方行回署。爲時已及晌午眼見院外觀看百姓實已一概散去。

六、奉詰是日查勘教堂既於出門時飭令百姓散去，何以未刻（下午一時至三時）復有閒人在彼滋事，何以既散復聚？查二十三日滋事之後，革員曾傳教堂地面保長詢問起衅情由，據云是日革員等回署時，教堂門外實無閒人。迨未刻有堂內服役人即俗稱洋奴者在門前站立，適有過路人向堂內窺看，該洋奴惡其冒失，揪扭其人髮辮牽拉入堂，彼此喧嚷，對河百姓因此復聚與洋奴口角，其中孩童遂向教堂抛擲磚石致啓衅端。若謂革員等查堂時閒人觀看未及驅散，則由查堂以至革員等回署爲時甚久，此等閒人豈肯忘其餓疲久立去耶。再查是日百姓抛擲磚石謝教士遣人赴訴商憲徑即派令巡捕二員前往彈壓。因被豐領事毆打巡捕跑回。其後商憲又派一弁前往，豐領事隨帶跟丁各執鎗丸揪扭該弁一同赴院，百姓當各避開讓其前行。是爾日抛擲磚石之時百姓尚屬未萌殺機。即此可想見天津民情浮動遇有新聞事件動輒百十成群，隨同觀看聚散無常。是日已刻觀查堂之人已散，其未刻閒逛者又係臨時復聚並非先聚未散也。

七、奉詰首先鳴鑼究係何人？何以當時並不阻止，事後又未經訪查。查革員在署聽聞鑼聲即時出署，詢知鑼聲係由河北先起各處繼之。路上並訛言豐領槍傷商憲應往救護，眾口如一。革員令家丁分投喝阻，後路人眾站定而前行之人已追挽無及，迨事後查究鳴鑼之人均難確鑿指出。

八、奉詰百姓滋事地方官即應馳救何以豐領事既死，教堂各處火起爾尚觀望不前。是時途中曾遇總兵陳國瑞否？查府署與院署相離較遠，革員一聞鑼聲即便飛奔前往，迨出北城門外人勢擁擠塡街塞巷節節推挽而行，心急而足難遽達非觀望不前。至陳國瑞革員素不認識，彼時曾否赴院並未關心。

九、奉訊該領事一見崇宮保是否即放洋槍，抑或另有情節。查該領事赴院滋鬧，革員並未在場目擊。惟據院署差弁均言是日該領事以教堂門外擾鬧遷怒於商署巡捕之不能彈壓，先用鞭將巡捕毆打，隨即攜帶洋槍揪扭後至之差弁一同赴院。當時係盛怒而前，是以一見商憲即行放槍並無別項情節。

十、奉詰兇徒殺人放火，事後何不迅速拏辦。查鬧事以後民心固結一氣，驟然查拏恐致別生事端。迨事過數日，訪得劉二蕭八二名，又以所訪人數無多眞假未定，一經差拿恐正兇聞風遠颺，是以密情存記俟續訪多名一齊掩捕。

十一、奉詰鬧事以後有無撥勇保護洋人。查二十三日鬧事以後，人心警擾不定土匪易起。當派團勇五十名交守備楊保安駐紮河東，又派候補千總傅長慶，六品頂戴王云超帶勇一百名，在東西北三關往來巡夜，又派候補千總劉慶有帶勇四十名巡查城內。

十二、奉詰鬧事以後有無民人藉端擾教民之案。查五月二十五日有教民劉玉山攔輿喊控，據稱有土棍王板持刀堵門向伊訛索錢文等語。當即飭差拘案訊明，本欲重辦，因原告代爲求情從寬，斷令枷號兩月限滿責釋。

十三、奉詰鬧事以後始傳火會首事諭令各守境地嚴防土匪滋事。查天津火會共有四十餘處，其首事俱係鋪戶居民府署傳見皆由天津縣傳齊送府諭話。其正經紳士僅於到任時一拜，彼此均未晤面。時値公務匆忙亦無暇訪擇緊紳。英法俄美各國領事均於四月初旬往拜。法國豐領事已入京師，英國李領事外出未見，俄美領事均經拜會後，英國李領事俄國孔領事回拜均設酒果相待並無失禮。

劉革令登覆曾部堂詰問各條

革職天津縣知縣劉傑謹呈今將親供內奉詰各條逐一登覆開具清摺恭呈鑒核

一、奉詰張拴郭拐二犯到案曾供有挖眼取心等事是否牽涉教堂，該員出示曾經言及教堂否。遵覆張拴郭拐到案，曾供前在山東曹縣拐一幼孩挖眼取心並未牽涉教堂，革員等查照通飭章程定案亦止就案辦案。當時百姓初不謂張郭二犯爲教堂主使。故出示曉俞亦無緣妄及教堂橫生枝節。

二、奉詰百姓訛傳教堂有迷拐之事，聞當時謠言有謂仁慈堂埋幼孩兩尸共一棺者，該員曾否查明虛實以釋群疑。遵覆葬埋幼孩一棺兩三尸民間雖有謠言究皆傳聞者多目見者少。其時有信者有不信者，有推求其故而不得者，亦有謂爲無足駴異者。此等若逐事查詢轉不免爲浮言所動跡似張皇。幼孩係仁慈堂掩埋，若無故開驗洋人決不干休。若將民間謠言照會洋人，洋人決不承認。後來查堂係有犯供爲據，豐領事尚且不肯，經商憲與謝教士再三商妥始准查驗。當時埋葬之塚豈肯輕易開檢。

三、奉詰進教堂查對，既與犯供不符，又未指出王三，該員出堂時曾否將各情逐一諭知眾人曾否散去。是日曾見豐領事否？回署後尚擬出示奈何親見百姓聚眾並無一言曉諭。遵覆是日隨同本道府帶同武蘭珍徑赴教堂，並未赴領事署亦未見豐領事，係教士謝福音領查。至革員諭衆之言，即係將堂內情形與武蘭珍供情不符之處，當衆開諭飭令各散。當時衆人皆已釋然無疑相率散去，及革員出堂赴商署後仍飭差役前往查看，教堂門首實無閒雜之人。至回署出示係因商憲與教士議明此後查驗教堂章程飭令出示曉諭。亦因武蘭珍犯供已爲城鄉各處所共聞，而教堂情形不符，僅止在場觀看之衆知其大略，非回署出示不足以傳諭遠近。初非當時無一言，必待回署始以告示曉諭也。

四、奉詰衆人毆斃豐領事，因該領事對官放鎗則該員此時相距不遠，豐大業之死曾目見否？能略記兇犯面貌否？或謂當殺豐大業時，該員在浮橋左右曾向陳國瑞云：「大帥是最有威名的，你看今日這個樣子還了得麼？」果有是言否？陳鎮曾回答否？遵覆豐領事放鎗革員閃避慌迫中經差役扶奔商署，並未目睹不知爲何人首先下手？何人隨後加功實無從訪得兇犯面貌。至豐大業被衆毆死陳鎮並未到場。後聞該鎮因商署滋事前來看視，及到商院已在滋事之後。革員見崇商憲在轅站立旁有一人對話。革員聞知係屬陳鎮，僅向請安。該鎮與商憲說話，革員官職卑微初未敢儳一語，且素與該鎮無一面之識。此次該鎮何時到津亦並未一往拜見，不知此語從何而來？

五、奉詰豐領事之死，該員既奉諭驗明棺殮，各堂撲滅餘火後，堂內燒殺人曾否查驗，其燒糊之童貞女是何模樣？遵覆仁慈堂並河樓教堂撲滅餘火後，曾將豐領事、謝福音、席孟達、麥生夫婦、單茂松之妻驗明棺殮。其餘毆傷死者均係各國自行收殮。其燒死者均係被燒皮肉焦黑難以辨認，是以未驗。

六、奉詰王三供認給藥，係到堂即供不事刑求乎？抑先不認供用刑之後始行供明乎？王三自認是王二，該員何以必要指爲王三。武蘭珍初供之王三係肅寧人，到案之王二係天津人究竟是二人乎？是一人乎？該員共審過幾堂，究有迷拐之據否？遵覆王三係提同武蘭珍對質，一經質訊即行供認給藥屬實，迨後翻供始行刑訊。該犯自稱王二而原拿人張漢等皆確知爲王三，武蘭珍亦認明面貌確係此人。該犯係天津人而武蘭珍初供即言王三面有白麻，天津口音，籍貫亦未嘗不符。革員訊過五次，雖經時供時翻而該犯既供認給藥與武蘭珍，又稱迷藥係謝神符所授。此外又有安三一犯，亦供認迷藥得自王三。該犯若無主使給藥等事，何以武安兩犯供皆如一。案未及定，革員遂蒙撤任未得研究確鑿。迨革員離任王三旋亦釋放矣。

七、奉詰當時人心洶洶縱未能拏亦應查訪，何以半月以後卸事未曾訪得兇犯一名。今事隔多日該員能指出兇犯若干人否？遵覆緝兇係革員應辦急務，敢不認眞辦理。雖未敢遽行拿辦亦曾密飭差役並托親信朋友家丁四外探訪，因當時滋事並無預先糾集之人又無從旁考質之證。民間自滋事以後囂張日甚，方且怨恨洋人躍躍欲戰，誰肯以兇犯名姓輕洩於人。是以半月間未經訪得一人，革員自當任咎。現在交卸後既無事權更難查訪。

八、奉詰安三燒傷經代理任令查驗此等傷痕係該員訊供慘用非刑乎？抑尚有別情而該員當時未及覺察乎？此外尚有佟松薩、李兆恒、趙榮受傷俱重皆該員用刑所致否？供未言明著再聲敘。遵覆安三、李兆恒均有燒傷。安三係差役趙春於下堂後用烟火所燒。李兆恒係差役田得奎於下堂後用潮烟鍋所燒。均因其迷拐幼孩心懷公忿順手熾燒。前經革員曾派查班管家人查出稟明。當經革員訊明取結看押移交後任究辦。至佟松蔭趙榮所受之傷到案時供明係被原拿之人所毆並未用刑。惟李兆恒革員因被拐之幼孩劉長庚、劉長清，指供被其迷拐，是以用刑亦未酷用非刑。以上奉詰各條已查明分晰聲敘。竊查革員於六年十一月抵任在津已三載矣，所有中外交涉事件，民教爭訟各案以及各國照會並來函囑辦之事，因恐有傷和好無不曲爲庇護，相安已久，且各國領事等官時相往來毫無猜怨，何至有相害之意。此不特在津領事各官所共諒，即在京各國使臣亦所共悉者。至民人護送迷拐人犯亦係隨同本府就近回明商憲辦理，未敢有專擅處。即五月二十三日之事亦因豐領事於是日同一洋人赴商憲放鎗滋鬧，訛傳商憲被傷因而鳴鑼聚眾焉，革員趕往彈壓，適遇豐領事於浮橋之北即向革員施放洋槍。革員閃避未中經差役扶奔商署，事起倉猝人眾洶洶，禁之無及。是革員並無害彼國情事而豐領事反欲殺害革員也伏乞詳察。

張革守登覆毛部堂詰問各條

張守親供內奉訊各條登覆：

一、奉訊屍棺曾查驗確鑿否?查革員於五月十三日自滄州回郡始聞有一棺兩三屍之事，當時無首告實據，已掩埋何敢造次開挖且係牽涉外國之事，尤未便遽行查驗。

二、奉訊張拴郭拐迷拐之案該守出示有剜眼剖心字樣，究竟有無確據，所剜心眼何在？被剜者共若干其人何在？查張拴郭拐係同被拐之李大羊一並送案，該犯等到案又皆供認迷拐不諱，其爲拐匪已無疑義。同治三年通飭但言拿獲迷拐匪犯照京師辦理章程認明後一律就地正法。此案供證確鑿照章辦理，非敢草率定案。至拐匪挖眼取心按律本應凌遲處死，而細核三年通飭新章，拐犯一律正法則係變通定例辦理，不俟挖眼取心得有確據即迷拐之罪已足正法。據該犯曾在山東曹縣拐有幼孩挖心取眼並取天靈蓋配藥屬實。革員查此等匪徒採生折割，當時既已配藥豈復尚有存留。張郭二犯到案搜出蠶繭，內餘藥據稱繭破出氣藥即不靈。此藥中有無心眼亦殊難辨別。至被剜之人其已死必不能到案首告，而遺失人口之家又不知迷拐何往生死何如？更何從得其挖眼剖心實跡。此等案件惟應以犯供爲憑未能別求證據。

三、奉訊無端諭紳民以勿聚眾滋事果居何心？查天津民情浮動聚眾最易。前此張拴郭拐二犯並未牽涉教堂正法稍遲尚且謠言四起，此次武蘭珍供出教堂王三授以迷藥更屬忿忿不平。革員諭令紳民勿許滋事，因前此謠言過眾幾致起衅。此次不得不思患預防實專爲息事起見。地方官無論賢愚，斷無願百姓滋事而自受其累者。革員前在任縣邢台並正定府任內，所理民教詞訟不少，悉皆持平辦理，並無一案上控，津民強悍過於他處，諭勿滋事並非無端。

四、奉訊既早慮眾人隨往易滋事端，何以不向本道力阻即謂本道不聽，何以不向商署面稟。該府爲親民之官於此等情形不預爲隄防，豈尚可諉過於人乎。查彼時革員實有此言供內敘及不過表白其事，非敢諉過也。今蒙詰責當時未經力阻實係疏忽，革員自當任咎。

五、奉訊閒人聚觀能攆往何處不過屏諸教堂門外耳，該守既查驗武蘭珍供情不符，堂中亦無王三，即應出教堂時向百姓面諭明白以釋群疑，乃猶待他日出示曉諭此是何故。查彼時出教堂門，即經劉令以查驗情形諭百姓各散。革員以城鄉未必盡知，與劉令約俟回署後，即日出示曉諭並非遲至他日。

六、奉訊閒人之聚於教堂門外，只是觀看查堂耳。若謂當時攆散則必無復聚之理，是否該守遽爾回署，不暇顧及閒人。查天津居民鋪户最多，人情浮動偶有新聞事件往往不期而聚也。是日巳刻，查堂後衆人實已散盡，至未刻閒逛者均係臨時復聚並非先聚未散。

七、奉訊該領事一見崇宮保是否即放洋槍，抑或另有情節。查該領事赴院滋鬧，革員並未在場目擊。惟據院署差弁均言，是日該領事以教堂門外滋鬧，遷怒於巡捕之不能彈壓。先將巡捕用鞭毆打，隨即自攜洋槍揪扭後至之差弁一同赴院，當時係屬盛怒而前，是以一見商憲即行放槍。

八、奉訊人犯由該府縣審訊，口供由該府縣面回，何得諉咎於上且謂並未參贊一詞乎？查武蘭珍供出教堂王三堂訊供詞，已爲衆所共聞，不得不回明商憲，至應如何查辦之處，革員並未參酌其間。今蒙以訊供面回詰責革員自當任咎。

九、奉訊訪出兇徒是何姓名何以並不拏辦。查鬧事以後民心固結一氣，驟然查拏恐致激變，暗訪兇徒姓名亦不可得。後至中堂將到始訪得劉二、蕭八二名，又以所訪人數無多，眞假未定。一經差拏恐正兇聞風遠颺，是以密請存記，俟續訪多名一齊掩捕。

劉革令登覆毛部堂詰問各條

革職天津縣劉傑將親供內詰問各條登復

一、奉詰聞張拴郭拐到案曾供有挖眼取心等事，該員等出示亦曾提及究竟有確據否？迷拐之藥何在？所挖之心眼何在？被剜者若干？其人何在？遵覆該犯張拴私迷藥曾有其物係用蠶繭所裝。當堂令其試驗，據云此藥業已出氣不靈。至心眼據該犯等供稱，先前在山東曹縣曾拐一幼童剖心取眼配藥屬實無存留。

二、奉詰此時百姓何致遽欲滋事。遵覆當時眾民因審案時觀看者甚眾，聞武蘭珍所供皆信爲教堂有迷拐之事，無不畏懼忿恨恐其滋事是以面諭。

三、奉詰既望見百姓甚眾，即應以武蘭珍供情不符，教堂並無王三各節向百姓面諭明白，務令其全散始赴商憲何以第令勿許擁擠便自他去。遵覆是日隨同本道府帶同武蘭珍徑赴教堂，當係教士謝福音領查。事畢出堂見眾人觀望，革員原以武蘭珍供情不符各情當眾開諭，飭令各散毋得擁擠，眾人亦即散去·，因恐人眾聲雜不能偏聞，是以回署擬再出示曉諭。

四、奉詰湯火傷人律有明條，差役犯之罪尤加等，何以該令並不究治一節。遵覆安三燒傷係差役趙春于下堂後因其迷拐幼孩心懷公忿，順用烟心熱燒。前經革員派查班管家人查知稟明，當經革員訊明取結移交後任核辦。

張守劉令登覆丁部院詰問各條：

呈今將奉詰親供內各條逐一登覆開摺恭摺呈憲鑒：

一、奉詰仁慈堂將幼孩屍身三四具共一木匣裝盛浮埋，謠言因此而起，何以登時不親往堪驗等情一節。查彼時雖風聞有此謠言，但屍棺亦已掩埋既無人告發，又無人稟報。若遽往開棺勘驗，恐仁慈堂反向不依，或不肯承認反致多事是以不敢查驗。

二、奉詰沈希實係何人何縣，有何迷拐確據？因何釋放等情一節。查沈希實同其徒鄭五成在路行走，經永豐屯地方張永安見鄭五成係屬幼孩跟隨同行，疑有迷拐情事。將其送縣訊明，實係教堂師徒。正欲釋放，經該堂謝福音持片來要。當將沈希實至商署轉交該堂，鄭五成經其母鄭明氏當堂領去。

三、奉詰五月二十三日鬧事以前各領事有無照會催地方官出示解釋群疑，地方官有無照復等情一節。查未鬧事以前各領事官並無照會催令出示解釋群疑，地方官亦無照復。

四、奉詰武蘭珍供除王三外尚有劉小劉虎劉二唐小等人，唐小係王三託其交給洋錢與武蘭珍之人。是唐小乃此案極要確據等情一節。查武蘭珍原供王三將其迷拐入堂，給與洋錢四塊，伊將洋錢交與唐小代爲收存。王三並無託唐小將洋錢交與武蘭珍之事。王三本係教堂會長，唐小等俱係出外同夥迷拐之人。據供當時均不在津，故先查教堂王三，堂中既無王三。是以出堂時止告百姓堂內並無王三，不暇提及餘人。

五、奉詰革員五月二十四日通稟內有迷拐之事愈傳愈多等語，何以親供又云將該犯正法後謠言漸息等情一節。查五月十四日張拴郭拐等正法人心漸安，不聞別有謠言。惟傳聞外間仍有迷拐穆家莊行路一人，是二犯正法後拐匪仍未斂跡可知。

六、奉詰五月二十三日百姓將王三送縣究係何人指認知爲王三。何以當時並不將指認之人三面訊取確供，以杜王三事後狡展等語一節。查王三係紳士張漢趙德光拿獲送案。初次堂訊並未自認王三，而張漢趙德光當堂指認確鑿，並提武蘭珍對質，該犯無可抵賴始供認伊給武蘭珍迷藥屬實。又另獲拐匪安三供稱亦係王三所授，惟該犯供詞始終狡展是以不能定案。

張守劉令之家丁轎夫人等口供：

張玉供小的是山東人，今年二十三歲，跟隨前任天津府張大人已有二年。主人到任後赴滄州去了一次，回津後聽說有迷拐幼童之事。所殺張拴郭拐情由，小的因輪班當差不知底細。民間要給主人掛萬民衣傘，主人並沒說還有大事未辦的話。五月二十三日早，小的跟隨主人同本道本縣帶著武蘭珍查外國教堂出城去，有百姓跟隨看熱鬧。及到教堂門口，主人將百姓喝散，不准上前，百姓走了一半，隨散隨聚人並不多。查完教堂，主人出來尚有看熱鬧的人，主人吩咐各自走散聽候告示，並無吩咐與外國滋事的話。主人上院去了，一點鐘時由院回府吃飯，彼時百姓均已散淨。隨後在署聽得鑼響，疑是有火，主人當即出來遇見火會問及何故？

傳說外國人赴院傷人，並說宮保傷了。主人喝止傳鑼急忙前去，轎到浮橋口人多擁擠已難過河，在河南下轎走過河北，一路彈壓。天主堂業已火起，豐領事被殺，主人由院上轉向仁慈堂去，未到仁慈堂望見火也起了，主人無法可施。至何人放火殺人小的並不知情是實。

李高升供年四十九歲，宋吉升供年四十七歲，陳起龍供年四十七歲，張二供年二十八歲，又據同供小的們均是天津縣人，五月二十三日早八點鐘，小的們抬前任本府張大人同本道本縣，查外國教堂到教堂門口下轎。小的們在外伺候，雖有百姓看熱鬧並無吵嚷情事，隨即出來，有外國人送出吩咐看熱鬧百姓走散，大人上院去了。由院回府各自喫飯，後又聽得鑼響，小的們抬本府到浮橋口，人多難走，就在河南下轎大人彈壓過河。小的們看見教堂火起，大人即赴仁慈堂保護，未到仁慈堂又見火起，大人回來的。大人並沒吩咐百姓打洋人的話是實。

高升供小的是京都人，年三十二歲，跟隨前任天津縣劉大老爺已有二年。今年五月二十三日，小的跟隨主人同府道帶武蘭珍查外國教堂。到教堂主人進去，小的在門口趕逐閑人，有看熱鬧百姓，人並不多並沒吵嚷擠入堂內。主人出來外國人送出，主人將堂內並無王三對眾說了一遍，吩咐眾看熱鬧百姓走散，聽候告示。小的跟主人上院去了，由院回縣吃飯。這時院署來人請主人前去，轎到浮橋口人多擁擠已過不去了，就河南下轎走過河北彈壓。聽人傳說外國人打傷宮保，主人上院行走，遇見豐領事步行出來，就見豐領事舉拏洋槍，主人看見舉槍當即彎身低頭。小的正在身後致把小的臉上放傷，現有傷痕可驗，小的也就昏倒，有衙役把小的架回來的是實。

溫升供小的是南宮縣人，今年三十六歲，跟隨前任天津劉大爺已經三年。今年五月二十三日小的跟主人同府道帶領武蘭珍查外國教堂，到教堂門口主人進去。所查情形不知，小的在口把守，有看熱鬧人並無吵嚷擁擠情事。主人出來外國人送出，主人吩咐百姓說查明堂內武蘭珍所指不符，令百姓走散聽候告示，並沒叫百姓滋事。主人赴宮保衙門，不多時回縣吃飯。有巡捕夏老爺前去請主人彈壓，主人到浮橋口人多擁擠難行，就在河南下轎，適有張七大人前去一同彈壓。小的主人過河往西走上院，有人說洋人在院署放槍了。這時豐領事出來遇見小的主人，舉放洋槍，主人低頭致把高升打傷的。主人赴仁慈堂保護，行半路望見火起。小的主人並沒追趕豐領事情事，何人放火殺死洋人小的不知道是實。

于五供小的今年二十五歲，梁有功供小的今年三十一歲，王二供小的二十八歲，靳德供小的今年三十一歲，又據同供小的們是天津縣人，在本縣衙門抬轎。五月二十三日早小的們，抬本縣劉大老爺同府道赴查外國教堂，到教堂門口並無百姓吵鬧，有看熱鬧人不多，隨後洋人將本縣送出上院去了。由院回縣，不多時院上請劉大老爺前去，小的們抬到浮橋口，人多不能行走。在河南下的轎，小的們在河南伺候。劉大老爺走過河去的，小的們不知河北的事了是實。

隨萬春供小的今年四十八歲，充當天津縣河北地方。五月二十三日小的在縣伺候堂事，聽得傳說有人在河樓滋事，外國人赴宮保衙門放鎗。小的跟隨本縣劉大老爺赴院，走至浮橋口見教堂起火，劉大老爺在河南下轎，彈壓走過河北，遇見洋人向劉大老爺放鎗，把跟班的打傷了。何人殺死洋人？何人放火小的不知道。本縣並沒吩咐打洋人的話。二十三日早查教堂的事小的同事孟玉升知情是實。

陳吉升供小的今年三十八歲，充當天津縣東門外地方，仁慈堂是小的該管。五月二十三日聽得鑼響眾火會都赴河北，小的在東門外本衙聽差，隨後仁慈堂起火，小的前去走至半路就擠不上去了。本府本縣並無吩咐打洋人的事是實。

孟玉升供今年三十六歲，充當天津縣河北地方。五月二十三日早道府縣帶領武蘭珍赴查外國教堂，小的在彼伺候，有看熱鬧的人並無嚷罵情事。大人們由教堂出來有外國人送出，府縣大老爺吩咐百姓們走散。小的也在那裏趕逐。聞眾位大人上院去了，不多時道府縣各自先後回衙。以後教堂門口有行路人向堂內張望，被外國服役人看見將行路人拉進一個去，河東百姓看見對河樓喊叫，隔河用磚頭向河樓擲砍，豐領事出來手拏洋槍，還有一個外國人拏寶劍赴宮保衙門找崇大人，忽聽裏邊槍響，隨由裡邊傳出信來說傷了大人，小的並未眼見。一時間就四面鳴鑼來了，本縣當即走奔來商憲衙門，百姓們就多了。本縣仍彈壓走到東轅門外，遇見豐領事出來，看見本縣放了一鎗，本縣閃過致將家人高升打傷的。這時教堂火起，豐領事走去也被人殺了。本縣本府並無吩咐百姓打洋人的話。府縣赴仁慈堂去，走至半路仁慈堂也就起火了是實。以上均已當堂畫供。

這是親供及奉詰登覆的內容，後面節錄張守、劉令前後所出告示稿，也可以看出地方官曉諭百姓，防止民教滋事的用心。

一、爲出示曉諭事。照得本月二十三日爾百姓等與法國教堂結成衅端，本府已據實稟明上憲，奏請諭旨辦理。查津郡地方自通商以來中外人民尚皆和好。嗣後各國官商人等在津居住，爾百姓等務當照舊相安，不准再行多事在街市與洋人口角爭鬧，以敦和好。如再有聚眾搶奪等情，定即從嚴正法，決不寬貸。除委員督飭差役地方隨時查訪，如有無知愚民在街生事，即行嚴拿從重懲辦外，爲此出示曉諭。爾民人等務當各安生業勿得滋事致干重究切切特示。

二、爲出示曉諭事。照得各屬天主堂傳教，係欽奉諭旨辦理。凡民人情愿入教者法所不禁。本月二十三日因拿獲迷拐人口之犯牽涉法國教民王三一案，又因該領事官赴院滋事對官放鎗，以致激動眾怒釀成衅端。已蒙商憲具奏請旨查辦。乃現聞無賴棍徒乘機結夥持械向城關習教之家或挾嫌逞兇或圖財索擾實屬不法已極。除委員訪拿並飭差查緝外，合亟出示曉諭，爲此仰闔郡民教人等知悉，爾等自示之後務當各安本業。如習教之家有爲匪不法情事，准該處地方及團練紳民稟官查拏究治。倘有土匪結夥持械擅入教民家中，藉端訛詐，該地方紳民亦即將土匪拿獲送官以憑盡法懲辦，均毋抗違，其各凜遵切切特示。

三、爲曉諭事。照得多事之秋，最忌謠言四起，惑亂人心。本月二十三日爾百姓等因見法國豐領事持刀赴商憲衙門滋鬧，並對官施放洋鎗觸動眾怒致成衅端。業經商憲奏奉諭旨欽派直隸總督曾會同查辦在案。係百姓一時忿怒所致並非兩國背約傷和，何至遽起兵端。乃聞外間謠言竟有調兵前來之説，誠恐中外各懷疑慮貽誤事機，爲此示諭商民人等知悉。嗣後如有混造謠言之人除飭差訪拿究治外，爾等切勿輕聽懷疑致荒本業。至各國並法國官商往來，爾百姓務宜照常和好，毋得稍肆欺凌是爲至要，各凜遵毋違特示。

四、爲再行剴切曉諭事。照得官長之於百姓猶父兄之於子弟也。子弟在外滋事父兄不知則已，若既知之則必嚴加管束。如仍聽其出外滋事，人必以縱容徇庇爲詞交口責其父兄，爲父兄者將何詞以對人耶。本月二十三日爾眾百姓偶因一時氣忿激成事端。本府衙署相離較遠趨救不及，此亦如子弟在滋事而父兄不知也。迨鬧事以後本府出示嚴禁聚眾滋事，嗣聞有棍徒藉端訛詐教民，復經本府獲犯枷責並出示諭禁在案。爾等理宜循子弟之職，遵父兄之教，分守己靜候商憲會同欽派直隸督憲秉公查辦以期鉅案。乃昨奉商憲札飭仍有匪徒擾害耶穌教民人之事，令再出示嚴禁並拿獲正法等因。遵查和約章程天主、耶穌教均係奉旨准其在中國傳教，民間何得擅行擾害況經本府迭次出示，嚴禁匪徒滋事，爾等猶不悛改，似此頑梗不法非特不遵教令抑且抗違諭旨，罪有應得法所難容，除飭天津縣多派差役分路巡緝外，合出示嚴禁，爲此示仰地方人等知悉。嗣後如再有匪徒擾害教民情事，該地方水會團練協同差役立時拘獲

送案，以便遵照憲札辦理，決不寬貸。其各凜遵毋違特示。五月二十七日

五、爲曉諭事。照得初六日（同治九年七月）（西元一八七〇年七月四日）夜間紫竹林停泊外國兵船，炮聲不絕。當經本府查明係美國慶賀之事，迎賓客各以放炮爲敬，並無別故，合亟出示曉諭城關舖户居民人等知悉。爾等照常安業，毋得聽信謠言各懷疑慮，切切毋違特示。

六月初七日

六、爲出示曉諭事。照得本月初九日蒙商憲崇札開轉准英國署領事官李照會據傳教士理先生來說，於西關外有自買房屋地基欲蓋施醫院，本爲救人疾病並無別故。昨據包工瓦木匠去本地有人不准作工，如作必有人毆打。因此施醫院不能蓋造。請飭天津府出示曉諭務使本地民人皆知耶穌堂是教人爲善。所有西關外蓋造施醫院並無取腦剜眼等事，不可疑惑攔阻等因到府。查耶穌堂在中國傳教係奉諭旨辦理，迭經本府出示曉諭，現在英國教士在西關置買房地蓋造施醫院，係爲行善並無別故，自應任其蓋造爾百姓不可妄生疑惑從中阻攔，合行出示曉諭。爲此示仰軍民人等知悉。爾等當知英國蓋造施醫院係爲行善之地，均毋疑惑阻攔致干究查，其各凜遵毋違特示。六月初十日。

七、爲明白曉諭禁止閒人遊逛以免再釀衅端事。照得五月二十三日民教釀衅滋事一案，現蒙中堂侯爺按臨查辦，所有此案起衅緣由並武蘭珍等迷拐各案必須查訊明確，方能覆奏，辦理此事有需時日，並非半月旬日所能了結。中堂爲國爲民調和中外，辦事一秉至公。爾眾百姓自

當各安生業，毋得誤聽謠言，各懷疑慮，亦不得無事閒逛滋生事端。乃本府昨聞紫竹木一帶仍有無知愚民千百成群，前往遊逛並有擅上外國輪船觀看者，誠恐彼此口角又復釀成衅端。合亟出示嚴禁，爲此諭城關軍人等知悉。嗣後務各在家安業，毋得出外閒遊。倘再有結夥成群赴紫竹林輪船滋擾者，著該處汛兵並該管地方立即鎖拏送案以便從重懲處，決不寬貸。其各凜遵毋違特示。六月十二日

八、爲出示曉諭事。照得本年五月初八日拏獲用藥術迷拐靜海縣屬幼孩之郭拐、張拴二名到案，嚴審用藥術迷拐不諱，實屬不法，自應照例從重創懲，庶足以快人心而昭炯戒。惟是津邑關內外人烟稠密，地面遼闊誠恐有不法之徒潛入境內，隱藏密竊窺無知蒙童幼孩，乘隙用藥術迷拐不可不預爲防範，除多派幹役並傳諭各處地方嚴密查拏外，合行出示曉諭爲此示仰闔邑軍民人等知悉。自示之後，爾等於幼孩蒙童出門玩耍時，務各自妥爲看守並留心查察。如有蹟涉詭秘舉動可疑者立即設法盤詰，倘果語言支離神色慌張，即准交與所在地方稟送來縣，聽候究辦。地方亦隨時稽查訪察毋得視爲泛常，亦不得假端誣捏混行盤詰，妄行送究致干重處不貸，各宜稟遵特示。同治九年五月初十日出示。

九、爲曉諭事。照得永豐屯地方張永安拿獲迷拐幼童李大羊之匪徒張拴、郭拐二名名到案。業經訊明遵照通飭就地正法，並選差幹役暨出示曉諭軍民等一體查拏在案。惟前因所送匪犯張拴等驗有被毆傷痕跡，係鄉民所毆。此等匪犯固堪痛恨，但非爾鄉民所應毆。誠恐仍有無知

之人，一經查有形跡可疑之徒，尚未送官先行私自攢毆，倘或因傷殞命，關係匪輕。合行出示曉諭爲此示仰軍民人等知悉。自示之後爾等如查有迷拐匪犯，當同被拐之孩童一併送案，聽候本縣嚴行懲辦。毋得擅自毘行攢毆，倘敢抗違一經查出定行從重究懲各宜凜遵毋違特示。同治九年五月十五日出示。

十、爲再行出示查拿事。照得本年五月初八日，據永豐屯地方張永安拿獲，用藥術迷拐靜海縣屬幼童李大羊之匪犯張拴、郭拐二名到案。當經提訊該犯等供認用藥念咒迷拐幼孩屬實，已將該犯等遵照通飭就地正法。前因風聞此等匪犯受人囑托四外分布，迷拐該幼童等取腦剜眼剖心作爲配藥之用，亦經本縣飭差並出示一體查拏在案。惟津邑關廂內外人烟稠密地面遼闊，誠恐該匪犯等猶不知斂跡，潛入境內隱藏密處，窺伺無知蒙童幼孩乘隙迷拐。若不嚴行查拏將何以除兇暴而靖地方。除仍選差幹捕實力嚴拏外，合再出示曉諭。爲此仰闔邑軍民鋪户人等知悉。自示之後爾等務各留心查案，如有行跡詭秘舉動可疑者，立即設法盤詰。如果形色慌張言語支吾即行拏獲送縣，訊明實係迷拐匪犯，本縣必當重賞並稟明府憲倍加賞給，但不得擅行攢毆，亦不得假公濟私。滋擾無辜致干究處不貸，各宜凜遵毋違特示。同治九年五月十五日出示。

十一、爲出示嚴禁事。照得前因拏獲用藥迷拐人口匪犯武蘭珍到案，訊有牽涉法國天主堂內之人，不服勸導以致衆民惶惑恐懼一時忿激致成事端。至於英美兩國所習係耶穌教，其教均係出資捨藥周濟貧民存心行善並無一切邪術與民有益，即入法國天主教者亦並非盡屬滋事之人。自應仍舊互相和好豈容混行滋擾，乃不法之徒難免不藉端生事。茲據候選知選余君禮，以伊居住倉門口美國耶穌堂內一載有餘，並無不法情事。前因法國之事將伊耶穌講堂亦被拆毀衣物被搶，現在教友項開農家居住，每日復有無賴之人登門恐嚇滋擾，意在搶奪財物等情，稟請出示彈壓前來。據此除飭差彈壓外，合行出示嚴禁。爲此示仰闔屬軍民人等知悉，自示之後爾等均宜各安本分，無論入教與否，均係本籍鄉鄰，務宜照彼此和好不得混行援累。倘有不法之徒抗違不遵藉端生事，一經拿獲或被告發定行嚴辦不貸，各宜懍遵毋違特示。

十二、爲出示曉諭事。照得本月二十三日爾百姓等與法國教堂結成衅端。蒙通商大臣崇據實具奏聽候諭旨辦理。查津郡地方自通商以來中外人民尚皆和好，嗣後各國官商人等在津居住，爾百姓等務當照舊相安，不准再行多事在街市與洋人口角滋鬧以敦和好。除飭地方文武隨時查訪。如有無知愚民在街市生事，即行嚴拏從重懲辦外，爲此示曉諭。爾居民人等務當各安生業，勿得滋事致干重咎切切特示。

十三、爲出示嚴禁事。照得前因拏獲迷拐人口匪犯武蘭珍，訊有牽涉教堂之人，以致民心惶惑恐懼，一時忿激將法國所設教堂禁拆並誤拆英美兩國講堂。現象商憲奏奉諭旨派直隸總督曾來津查辦。所有燒燬打毀教堂係查辦看驗要地，聽候督憲查勘辦理，不得混行作踐。誠恐無知之徒，貪圖小利，私自攜取門窗木植，除飭地方尋查外，合行出示嚴爲此示仰闔屬民人等知悉。自示後凡燒燬教堂一切門窗木植磚等物，爾等毋得私自攜取。倘有無知之徒，抗違不遵乘間偷取並任意作踐，即由該地方扭送本縣從重究辦，決不姑寬，各宜懍遵毋違特示。

十四、爲出示曉諭事。照得五月二十三日該民人等與教堂偶起衅端，業經本縣稟蒙商憲奉諭旨派直隸總督曾來津查辦，自應聽候督憲來津辦理。惟是我朝與各國通商以來内外無不相安，恪敦和好。茲該民人等雖與教堂偶然搆衅，第與各國毫無睚眦，自應照舊買賣往來交易各無疑忌，庶足以永敦和好之意，合行出示曉諭，爲此示仰軍民人等知悉。自示之後如在津各國商人等有在街市行走，不得故意擁擠譏誚喧嚷藉端生事，亦不得輕信傳言懷疑恐懼，倘有不遵者定即拿究不貸各宜懍遵特示。

十五、革府錄呈同治三年通飭文

同治三年十一月初七日蒙本道憲李札開天津府知悉。同治三年十月十七日准按察司錫咨開同治三年九月十八日蒙兵部尚書直隸總督劉（長仁）批本署司呈詳廣宗縣具稟用藥迷拐幼孩匪犯，請照京師辦理章程訊明後一律就地正法，應請查核批示以便通飭各屬一體遵辦緣由。蒙批如詳通飭各屬一體遵辦緣由等因。蒙此除分移並札順德府飭遵外，擬合就移爲此合咨煩查來文内院批抄詳事理，希即轉飭各屬一體遵辦施行等因。准此除分行外亟札飭札到該府立即轉飭各屬一體遵辦，毋違特札計粘抄詳一紙内開：

爲詳情通飭事。同治三年八月二十二日蒙督憲劉批據廣宗縣具稟拏獲用藥迷拐幼孩匪犯，請照京師辦理章程訊明律一律就地正法。應請查核批示通飭緣由，蒙批本署司遵查用藥迷拐幼孩剖心剜眼情殊兇殘，若不嚴拏懲辦其何以安閭閻。查此等人犯京師已奉諭拏獲訊明正法。直隸係附近京畿，自應一律從嚴懲辦以昭炯戒。茲蒙前因除飭知擬合詳請憲臺查核俯賜批示，以便通飭各屬一體遵照實爲公便。

十六、爲出示曉諭事。照得本府昨由滄州公回，接見天津縣劉令面稟，本月初八日據該縣永豐屯地方張永安，拏獲迷拐幼童匪犯張拴、郭拐二名，提訊供認不諱。本府當以該犯等施用邪術迷拐幼童剜眼剖心兇殘已極，不即明正典刑以安閭閻而昭炯戒。現已飭令將該犯刻日斬決梟示並將拏獲該犯之永豐屯地方張永安等給賞示獎在案。惟本府訪聞近日各處幼童紛紛迷失，此種匪徒溷跡域鄉恐尚不少，除分飭嚴密查拏外合行出示曉諭，爲此示仰閤郡軍民地方人等知悉。自示之後爾等務各隨時留心，遇有迷拐幼童匪犯立即扭拿送官，究訊得實，本府定即按各給賞。爾等仍不得貪功妄拿別滋事端。再聞此次張拴、郭拐二犯被獲送縣，街市經過見者群相毆打，此等人形獸性之徒原屬天地不容神人共憤，然設被毆傷殞命，匪徒既得倖逃顯戮，爾等轉致擅殺罹咎，於計殊爲未得。嗣後獲犯送官聽候法究，均毋逞忿群毆是爲主要，其各懍遵毋違特示。

劉令差役所具甘結

具甘結二班皂役胡長太今於與甘結事依奉結得。大老爺台下：竊於五月二十三日巳刻身等隨同劉前縣由河樓回來，赴商憲衙門。劉前縣由商憲衙出來，到東轅門外。午初時候劉前縣吩咐喻身前赴河樓往看有無閑人在彼觀望。身前往看視閑人業已俱散。當經回明……即跟隨劉前縣回署，所具甘結是實。同治九年八月日具甘結胡長太押。

這一冊內容豐富的已革天津府縣等親供及登覆各件，由直隸總督曾國藩會同工部尙書毛昶熙、江蘇巡撫丁日昌，署三口通商大臣成林咨呈軍機處，經軍機處恭呈御覽。本想就此將天津府縣革員等奉旨解交刑部聽候核辦。但這份府縣親供及登覆各件卻通不過總理各國衙門。同治九年八月十七日總理衙門上了一道「府縣親供應再確訊由」的摺子內容如后：

臣奕等跪奏爲天津一案。已革天津府知府張光藻，天津縣知縣劉傑前往奉旨解往天津，由曾國藩訊取親供，再行交部核辦。臣等以此案法國羅淑亞屢以歸咎該府縣，請即正法爲辭。經臣等力與爭剖堅定不搖。惟其中最要關鍵必須將該府縣所具親供詳細推求，務與原奏相符；且必語語踏實，使之無間可乘。庶在我可爲持論之憑，在彼難施吹毛之技。茲據溍國藩等將該府縣親供一冊咨送前來。臣等詳加披閱尚有應行切訊及與曾國藩六月廿五日奏陳滋事情形一摺情節不符之處，設爲外人所持轉恐持此爲地方官有意傾陷之據，於事仍未免有礙。經臣等公同商酌指出各條另備公牘並供冊一本發還曾國藩逐條詳訊。仍飭該革員等確實登覆，再行送臣衙門核辦外。茲將指出各條抄單恭呈御覽並請飭下曾國藩等迅速覆訊明確，並一面將該革員等解交刑部聽候核辦，一面將覆訊供詞據實具奏以昭核實而免歧異。爲此繕摺密陳伏乞

皇太后皇上聖鑒謹奏。同治九年八月十八日軍機大臣奉旨知道了。（註七〇）

本摺的附件「總理衙門須革員登覆各條」內容如后：

一張革守劉革令後呈定供內稱，奉三口通商崇大臣諭令將武蘭珍正法等語。此語當經總理衙門面詢崇大臣據稱當日並無此諭，該守令等何從聽聞，抑該守令之外有無他人同聽。

一張革守登覆直隸總督詰問各條內稱，二十日與劉令請示前三口通商崇大臣蒙飭本道次早往見豐領事查問。豐領事云法國搜求苦人爲之撫卹，搜者不能得，變而爲用葯迷人事亦或有因，許代爲查考。查豐領事已經殺斃弁無活口可質此語。各承審官是否將周道詢問彼時實有此說，抑係張革守一面之詞或另有文函可憑。

一劉令登覆直隸總督詰問各條內稱，王三提同武蘭珍對質即行供認給葯屬實。迨後翻供，該犯自稱王二而原拏人張漢等確知爲王三。武蘭珍亦認明面貌確係此人。該犯係天津人而武蘭珍初供即言王三面有白麻，天津口音，籍貫亦未嘗不符。革員訊過五次，雖時供時翻而該犯即供認給葯與武蘭珍，又稱迷葯係謝神符所授等語。查本年六月二十五日直隸總督等會奏內稱；王三籍在天津，與武蘭珍原供在寧津者不符。至仁慈堂男女係其家送至堂中豢養並無被拐情事等語。又查本年八月十六日接准直隸總督咨送博道陳道所呈各供清摺內稱，王三供稱武蘭珍供王三是冀州人年二十來歲，因小的年歲不符沒叫武蘭珍認，小的如何是王三。劉國英供王二兄弟三人，他兄弟王三是木匠手藝已經病故。他哥哥王大行醫，今蒙實審訊實是叫王二並不叫王三。又王一順供王三兄弟二人，他哥子名叫王六，王三名叫王二不叫王三各等語。今該革令以該犯自稱王二而原拏之人確知為王三，遂謂口音籍貫未嘗不符。且並將業已傷口斃之謝神符牽涉其問殊與前次奏陳並無被拐情事及此次咨送博道陳道所呈，劉國英、王一順各供不叫王三之語均不相符。

一劉革令登覆直隸總督詰問各條內又稱安三、李兆恆均有燒傷。安三係差役趙春於下堂後用狢火所燒。李兆恆係差役田得奎於下堂後用潮烟鍋所燒。曾派查班管家人查出，當經認明取結看押移交後任等語。查安三、李兆恆均於下堂後為差役趙春田得奎用火燒傷，該革令既派家人查明何置差役於不問，若不問差役何以知非該革令之刑求。

以上四條應即詳細查明逐一具奏，一面咨覆總理衙門暨刑部查覈。武蘭珍一犯將來或須提京審訊，不得據行正法致死滅口。其差役趙春、田得奎亦應聽候提示訊問，諄囑該令萬勿任他往致稽質證。九年八月十八日。（註七一）

本摺在未奉到諭旨之前，同日逕由總理各國事務衙門咨會軍機處，並開具必須覆訊各條（註七二）與原送天津府縣的親供冊咨還直隸總督，經逐條復訊後再行咨送總理衙門以憑核辦。一日之間為同一件事，一方面具摺上奏；一方面就能咨會軍機處辦理，也只有清同治皇帝的叔父總理各國事務衙門位高權重的恭親王交訢才能辦到，同時也益發表示這件案子的重要性緊急性。

曾國藩等奉旨覆訊革府張光藻，革縣劉傑，至八月廿三日始咨呈軍機處（註七三），提出覆訊四條供摺，並將原冊內逐一更正後進呈，並請閱後仍移還總理衙門備查施行。現將已革府縣覆訊的供摺錄於後：

供摺革職天津府知府張光藻，革職天津縣知縣劉傑呈謹將總理衙門咨文指駁各條逐一登覆開摺恭呈憲鑒：

一奉訊革員等後呈定供內稱，奉崇商憲諭令將武蘭珍正法等語一節。遵覆革員等查堂後將教堂與犯供情節不符之處稟知商憲。蒙商憲告以查驗既以不符，既可出示曉諭百姓。武蘭珍一犯既與教堂無干，可照地方拐匪辦法等諭，革員等以地方拐匪辦法即係三年通飭章程就地正法，是以供內稱奉諭將武蘭珍正法。至此語當時有周道同聽，請飭傳周道查詢。

一奉訊張革守登覆曾中堂詰問各條內稱，二十日與劉令請示商憲，蒙飭本道次早往見豐領事查問，豐領事云法國搜求苦人爲撫卹，搜者不能得變而爲用藥迷人事亦或有因，許代爲查考至晚無信等語。遵查豐大業對周道向革員等轉述如此，革員亦因豐領事已死無活口可質，是以正供內未經敘入。因憲台詰問備細故詳述及此，至此語虛實有周道可詢並非革員一面之詞。

一奉訊革員傑承審匪犯王三，年貌與武蘭珍所指供情核對博道提訊犯供不符一節。遵查王三供認王二而武蘭珍認明面貌指爲給藥之王三。革員因係要犯既武蘭珍當堂對質，不使因該犯自供王二遽行開脫。核其籍貫，王三供稱天津人而武蘭珍則稱王三向伊說是冀州人，本未確實，年歲不符，終屬疑竇。革員五月三十日曾將二犯供情通稟在案。至迷藥爲謝神符所授係王三供內屢有此語，其牽涉已死之謝神符原亦未可深信。革員所以訊過五次不敢定，其後博道陳道所具劉國英王一順等供結有王三實是王二不叫王三之語，則在革員撤任之後。革員任內止詢張漢趙德先並堂訊武蘭珍等供爲證。故塡寫親供但就任內所訊情節言之。一奉訊革員傑承審拏獲匪犯安三，李兆恒二犯，堂訊時並未動刑，迨下堂後差役趙春、田得桂用烟火燒傷何以置差役於不問。遵查差役趙春、田得奎等用火燒傷安三、李兆恒，革員先未覺察。迨家人查明時值交卸在即，未及辦理，故備案存卷移交後任。至辦理該役湯火傷人之罪，須俟本案結清方能發落。今革員撤任時安三一案迄未定讞，故該役等私燒之罪亦未提出先辦，非敢置該役等于不問也。若謂革員有意刑求，儘有例定刑具可用何必用火燒炙而自取非刑拷訊之咎耶。（註七四）

府縣的覆訊之供於八月廿三日亦已奏明，按照八月廿日諭旨：「飭催覆訊之供幷限於二十五日將該革員等解送到部。」（註七五）但曾國藩等提出要求：「臣查府縣在津業經取具確供奏明辦理。本已無事羈留，惟前接十九日諭旨飭令陳國瑞赴津由臣等訊辦。臣前詰問該革令劉傑各條，尚有應與陳國瑞質證者，該提督不日即可抵津。臣擬就近在津令與劉革令質訊一語，訊明後再將府縣送到部。惟於二十五日到京之期恐致有逾限。謹先將覆訊府縣供詞送軍機處以備呈奏，理合附片陳明。」（註七六）後來因奉到二十五日諭旨：「著曾國藩等仍遵前旨迅將革員等解交刑部等因」（註七七）只好派何崧泰，彭爵麒，朱豫復等員於二十八日解送已革天津府知府，天津縣知縣劉傑起程赴京。

至於提督陳國瑞赴津應訊一節在此做個說明。現在抄錄總理衙門八月十九日及神機營八月廿日的兩個摺使能明瞭：

總理衙門片

再本年六月二十五日欽奉諭旨提督陳國瑞現在京城，著派員伴送赴津聽候曾國藩查訊等因欽此。經醇郡王於六月二十七日奏明派委副都統銜左翼步軍翼尉桂祥，內火器營副馬槍護軍參領倭什本於六月二十八日由京起程伴送陳國瑞前赴天津交曾國藩以憑查訊。一俟訊畢仍帶回京。維時臣衙門以羅淑亞在津其勢洶洶，有欲置之死地之心，即經奏准暫緩前往。現在此案漸有頭緒，已革府縣均經遞有親供，應即仍遵前旨請由神機營王大臣令原派人員伴送至津以憑查訊，訊結仍伴回京。再本月十五日接據曾國藩函稱，有案內兇犯周起隆至京藏於該提督寓所等情，請旨飭令該提督交出，由曾國藩等一併查訊辦理合附陳明謹奏同治九年八月十九日軍機大臣奉旨。

神機營摺　臣奕環

奏爲遵旨派員伴送陳國瑞赴津聽候查訊，恭摺奏聞仰祈聖鑒事。竊臣營於八月十九日准軍機處片交本日軍機大臣面奉諭旨，總理各國事務衙門奏請，仍遵前旨，飭令神機營派員伴送提督陳國瑞赴津查訊，並飭該提督將要犯周起隆交出訊辦等語。著神機營王大臣即令原派之桂祥，倭什本將陳國瑞伴送到津以憑查訊，俟訊畢後仍著伴送回京。其要犯周起隆一名並著飭令該提督到津後交出，由曾國藩歸案訊辦欽此欽遵。臣等現已札飭該提督陳國瑞於抵津後遵將要犯周起隆交出聽候曾國藩訊辦，並令原派之左翼步軍翼尉桂祥副馬槍護軍參領倭什本，即於本月廿日伴送陳國瑞由京起程前赴天津交曾國藩以憑查訊。一俟訊畢仍由原派之員遵旨回京。除咨明該督遵照辦理外謹會同尚書崇倫恭摺具奏……。同治九年八月二十日軍機大臣奉旨知道了。

提督陳國瑞於廿日起程赴津，於廿五日抵津，經曾國藩於廿八日奏呈陳國瑞投遞親供並請旨敕下總理衙門刑部覆辦，並飭令原來委員伴送該提督回京。現在再抄錄陳國瑞的親供以剖析他的行爲經過：

陳國瑞親供

爲親供事。竊國瑞於八月十九日奉到神機營札開准軍機處片交本月軍機大臣面奉諭旨總理各國事務衙門奏請仍遵前旨，將提督陳國瑞送赴天津查訊，並飭該提督到津後將要犯周起龍（隆字誤）交出訊辦等因欽此札知遵照前來。遵查國瑞於五月初八日隨帶字識一名馬夫二名跟丁二名，由山東德州僱船北上。十七日抵天津住河北關上北極寺，感冒風寒患病數日，囑該寺僧人雲顯代請駱醫生診治，服藥數貼。通商大臣曾到國瑞寓所看視一次。嗣有武進士佟樹棠求見兩次，欲隨國瑞入都謀差，當即拒絕。至廿三日正在臥床養病，時忽聞鑼聲，隨詢跟役均稱不知何事。旋據僧人傳說外國人已將通商大臣打傷，國瑞飭役備馬徑赴通商衙署。行至轅門遇見崇大臣，詢悉豐領事迎面施放洋鎗兩次，幸均未中。少頃又聞該領事鎗擊天津縣劉令，傷中該縣家丁。劉令亦跑到通商衙內稟請崇大臣派兵彈壓，正談話間又聞豐領事被百姓擊斃，天主堂火起。國瑞見崇大臣不能攝服無法挽救亦即回寓養痾。至廿八日買船入都。蒙詢要犯周起龍國瑞幸不認識，亦並不知何往。今奉查訊所具親供是實。（註七八）

陳國瑞隨後返京，經神機營九年九月初十日奏報據翼尉桂祥等稟報伴送陳國瑞已於九月初五日到京。（註七九）而已革的天津知府知縣也於九月初六日解送到刑部，以等待刑部的議定罪名了。

曾國藩辦理天津教案，審訊府縣至此已告一段落，至於天津教案內各犯的審明及分別定擬，第一批也於同治九年八月廿五日由丁日昌、曾國藩、成林等上摺初步完成，這一方面容後再詳加記述。曾國藩對於已革府縣的處理，有著一份歉疚，因爲張光藻、劉傑的革職、解部、都是由他奏請的，這件事因引起公憤遂普遍遭到中外物議。爲此曾國藩於八月廿九日奉旨的附片內詳細密陳經過原委，特抄錄於後，以瞭解他的心態：

再臣國藩有密陳者，津郡五月二十三日之案，由豐領事倉猝激變非府縣之有意挑衅，中外皆知，臣亦屢疏論及，其府縣擬抵之說則疊奉諭旨一意拒絕。該革員等此時到部原無俟鰓鰓過慮，惟大局之所關甚鉅而微臣之負疚實深，有不敢不瀝陳於聖主之前者。府縣本無大過，張光藻尤著循聲。臣之初意祈保全尚不欲遽予參撤，豈肯更加以重咎。得羅照會忽有三員擬抵之說，料敵不審匆遽失措但冀和局之速成不顧情罪之當否，又過聽浮議以爲下獄以後輕重尚可自主，遽將府縣奏交到部，此疏朝上夕已悔恨。六月廿八日一奏曾經略述歉衷而神明之疚實至今未嘗暫弭也。其後奉到改解津郡之旨，於微臣舉措失機之咎既曲爲寬容，幷其衾影抱愧之心亦默爲解釋，廟謨廣運慚幸交幷。自七月下旬該革員等提解到津，臣等逐細研訊，洋人主使之說絕無影響，固已不須多辯，即科以應得之公罪亦猶有可原者。以崇厚統率數千之衆不能預爲彈壓；以微臣辦理兩月之久不能速緝正兇，今欲專責之區區之府縣亦屬苛論。惟語言文告之間，訊犯用刑之際，該革員等偶有未檢，此等疏忽之咎地方官皆所時有。准以尋常之法至重亦不過革職而止，而臣初奏遽交刑部宜物論紛紛不平。該革員等初聞改解津郡即私語竊賀以爲復睹天日，及近聞仍解刑部之命則又魄散魂飛怯對獄吏。以爲洋人仍執疆臣之原奏終欲得而甘心，微臣之所深自負疚者此也。又有進於此者各省民教滋事之案層見疊出，臣前奏查明大概情形時本有密片未上，曾於六月二十八日摺內聲明此案議結之時再申前請。今臣交卸在即，津案已將第一批人犯奏結，請得而畢其說。自中外通商以來各國皆相安無事，惟法國以傳教一節層滋事端，即各教流傳如佛道回等教，民間皆安之若素，雖西人之耶穌教亦未嘗多事。惟天主一教屢滋事端，非偏有愛憎也，原由法人之天主教但求從教之衆多，不問教民之善否，其收入也太濫，故從教者良民甚少莠民居多，詞訟之無理者教民則抗不遵，斷賦役之應出者教民每抗不奉公。迷拐人口一節臣六月二十八日之奏本難保其必無。六月二十三日之奏亦稱魏席珍言堂中有葯迷人本性，挖眼剖心一節世間原有此等折割慘毒之人，刑律亦有專治此罪之條。教中既多數莠民即難保此等人不溷入其中，故臣前奏雪挖眼剖心之誣，自京師及各省皆斥爲謬論，堅不肯信。凡教中犯案教士不問是非曲庇教民，領事亦不問是非曲庇教士，遇有民教爭鬥平民恒屈，教民恒勝。教民勢焰愈横平民憤鬱愈甚，鬱極必發，則聚衆而群思一逞。以臣所聞西陽貴州教案皆百姓積不能平所致。雖和約所載中國人犯罪由中國官治以中國之法，而一爲教民遂若非中國之民也者，庸懦之吏既皆莫敵誰何；賢能之吏一治教民則往往獲咎以去。此次天津府縣其始不過欲治一教民，其後竟至下獄已爲向來所未有。若部議再與重譴，將來地方官必群以爲前車之鑑，誰敢與教民較量。在總理衙門及各疆吏皆思力全大局。保護教堂然使教中與平民太不相安。譬如父母保護驕子爲衆子與鄉里所共惡，則驕子之身必敗而其家亦必破，是護之而適所以損之。如守近年保護之法而不思所以變計，終有決裂之一日。臣愚以爲中國欲長全和局，外國欲久傳此教，則條約不能不增酌增擬請議定此後天主仁慈各堂皆歸地方官管轄堂内收入一人或病故一人必應報明註册，仍由地方官隨時入堂查考，如有被拐入堂或由轉賣而來本家查認備價贖取。教民與平民爭訟，教士不得干預扛幫，請旨敕下總理衙門，可否就此議結之時與各公使商訂預杜後來衅端，臣所謂有關大局者此也。微臣倉卒之誤於此二者未能深究，此案未定清夜難安。日下張光藻、劉傑等入獄，天下吏民無不環而觀望，相應請旨敕下刑部細覈該革員等親供從輕定議，則所以張國維而紳正氣者實非淺鮮，微臣亦藉以稍釋隱憾，愚昧之見縷上陳伏乞皇太后皇上聖鑒訓示謹奏。同治九年八月廿九日。（註八〇）同日奉到諭旨：

諭軍機大臣等，曾國藩等奏，遵解天津府縣赴部，並鈔錄陳國瑞供詞呈覽……各摺片。張光藻等既經解部，該革員等應得罪名，刑部自當秉公定擬。至陳國瑞所遞親供既與津案並無干涉，即毋庸再令總理衙門刑部覈辦。……所有天津應訊應緝各犯，仍著曾國藩等趕緊辦結，總以愈早愈妙。曾國藩另片密陳傳教情形已令總理衙門妥議矣。（註八一）

已革府縣於八月廿八日起程赴京，但到了九月六日尚未到刑部，便諭軍機大臣等：

聞該革員等現抵通州。張光藻因病未能前進，著萬青藜、王榕吉即行派員前赴通州。將張光藻、劉傑刻即解送刑部，不准藉病遷延。（註八二）

而實際上他們確在該日到了刑部（註八三）。經刑部滿尚書瑞常、漢尚書鄭敦謹，滿左侍志和。漢左侍郎壽慈，禮部漢尚書萬青藜，左都御史宗室靈桂，由大學士管理刑部的官文率領速議。並於九月初二日奉旨：……該革員等到部後得罪名著該部速議具奏。（註八四）到了九月十一日刑部便恭摺具奏擬議罪名了。其定議經過見其原摺：

……（前略）……臣等查閱該革員等先後所具親供，內稱緣本年五月初八日該令劉傑拏獲迷拐幼孩匪犯張拴郭拐二名，提訊供認用藥迷拐人口不諱。十二日該府張光藻由滄州公回，督同該縣覆訊確鑿，遵照同治三年通飭章程將張拴郭拐就地正法，一面通稟在案。二十日該縣拏獲匪犯武蘭珍，據供用藥迷拐屬實。並稱被教民王三迷入教堂，許給洋銀，授伊迷藥指令迷拐男女，晝出迷人夜宿柵欄門蓆棚内等語。劉傑錄送府時百姓訛傳法國仁慈堂内埋葬幼孩、多有一棺三兩屍者。武蘭珍供詞又復牽涉教堂。於是百姓皆疑迷拐人口係教堂所爲，紛紛騰議。劉傑面稟張光藻以拐匪藉教堂爲護符，必須查明虛實庶釋疑。當經會稟通商大臣崇厚，飭令天津道周家勳與劉傑往見法國領事官豐大業，商請赴教堂查勘。二十二日該大臣復與教士謝福音商明令該道帶同府縣於二十三日巳刻押帶犯人武蘭珍前往查驗，堂内房棚與武蘭珍供情不符，亦無王三其人，該府縣出堂時見眾人擁擠門外觀看。劉傑將所查情形向眾人面諭均各散去。稟經該大臣令出示曉諭以釋民疑。該府縣等回署遵辦間，是日未刻適有閒人在教堂門前窺看，與教堂人口角，百姓因此復聚。謝福音遣人赴訴該大臣，飭令劉傑並派巡捕前往彈壓。豐大業將巡捕官毆打跑回，隨帶跟丁各持槍刀同赴通商衙門滋鬧。劉傑聞信立即前往，但聞人聲鼎沸紛傳洋人在商署向該大臣開放洋槍，百姓均爲不平愈聚愈眾。劉傑趕到向民眾彈壓，加以開導眾民亦覺畏懼。正欲解散，適該領事豐大業由商署走出，瞥見劉傑即對面施放洋槍，劉傑躲避致將家人高升中傷，眾人忿激將豐大業群毆斃命。張光藻先聞鑼聲甚鬧，遣人打探，群言豐大業在商署放洋槍，當即飛奔前往，行至浮橋聞豐大業已死。教堂四面火起，倉皇失措未能先赴救護即往該大臣署内商辦。劉傑見禍變已作，一面趕赴東門外救護仁慈堂與大沽協副將張秉鐸疾趨，行至中途望見仁慈堂等處火起。諭令火會速行救滅，火勢已大竭力救護業已無及。稟經大臣飭令驗明豐大業並被殺之謝福音等各屍傷，備棺裝殮。會同文武各官分投各國洋行往房處所保護，衆人始逐漸解散。該革員等非特供無主使故縱情事，其何人動手逞兇及何人首先鳴鑼亦不能確鑿指出。至未經趕緊緝兇，亦因爾時人心洶洶恐致激變。雖訪有劉二等名未敢遽然妄拿。惟自認臨時不能彈壓阻止，事後未能迅速緝獲要犯，實屬有負委任，咎無可辭各等供。經直隸總督與欽差大臣等恐尚有不實不盡，先後反覆研訊並按照總理衙門函訊各條詳加駁詰，該革員等逐款登覆供俱無異。提訊跟役地方人等所供均屬吻合。當將訊明各供情逐條繕寫彙冊進呈會同奏明。此案雖由謠言肇釁而百姓之聚衆滋事，實緣豐大業之對官放鎗倉猝致變，未經放鎗以前領事怒責巡捕趨赴商署，持械出入百姓並皆讓路任令行走，初無傷害之心。若使豐大業不兩次放鎗；必可安然無事。迨至滋事以後衆人洶洶已成不可禁遏之勢。該府縣等雖亦不無可原，惟地方釀成如此大變，邊釁幾從此開，自非尋常因案被議者可比。請旨飭部覈議並將革員等供情與原奏不符之處遵旨更正等因，欽奉諭旨更正等因，欽奉諭旨著臣部將該革員到部後，飭令呈遞親供覈與原訊供詞均屬符合。臣等查此案業據該督查訊明確，歷歷如繪自屬實在情形，其時變成倉猝，衆勢洶洶不逞之徒因之乘機焚殺，致英法等國多人均遭慘斃，該府縣實有不能禁遏之勢。臣部例內祇有刁民滋事地方文職不能彈壓撫恤革職之語，此外遍查律例並無另有何治罪明文。惟查職官因辦理不善釀成重大案件，曾有革職罪上從重發往軍臺効力成案，各例內又載有審擬罪名悉照本律例問擬，不得從重加等及加數等擅擬改發新疆等處，或實在案情重大罪浮於法，於疏內聲明恭候聖裁等語。今該府縣責任地方於百姓聚眾滋事未能先事預防，迨禍變猝起又不速行設法彈壓救護，致匪徒乘機焚殺戕斃二十餘命之多，事後又不能迅速緝獲正兇，幾至釀成巨變，較刁民聚眾滋事並未致釀命多者情節爲重，自非尋常因案被議可比。臣等公同酌議應將已革天津知府張光藻，已革天津縣知縣劉傑均於革職罪上請旨發往軍臺効力贖罪。如因案情重大未便拘泥常例，應如何從重改發之處謹於摺內照例聲明恭候聖裁。所有臣等速議定擬罪名緣由是否有當，謹恭奏具奏請旨。同治九年九月十一日官文、瑞常、宗室靈桂、鄭敦謹、萬青藜、志和、賀壽慈。（註八五）

同日奉到諭旨如後：

諭內閣前因天津府知府張光藻、天津縣知縣劉傑於民教起釁一案，事前疏於防範，事後又不能迅速獲犯。當經降旨革職交刑部治罪。嗣經曾國藩等取具親供，並將該員等押解到部。茲據刑部奏請按照刁民滋事，地方文職不能彈壓撫䘏革職例上，從重擬以發往軍臺効力，並以案情重大應如何從重改發之處請旨等語。該府縣責任地方，乃於津民聚眾滋事不能設法防範，致匪徒乘機焚殺，戕害多命，又未將兇犯趕緊拏獲，情節較重。且該革員等於奉旨交刑部治罪後，張光藻竟敢私往順德，劉傑亦私往密雲，任意逗留尤屬藐法。張光藻、劉傑均著從重發往黑龍江効力贖罪，以示懲警。（註八六）

已革府縣的審訊到此始告一段落。

### ㈡審訊天津教案內各犯

天津教案事起倉猝，本無預先糾集群眾，而多半受害的洋人均已死亡，因此查緝兇犯相當困難。而審犯更是艱難，因爲嫌犯基於義憤不肯認供，旁觀者又懼於報復不敢指證。自五月二十三日案發，直到八月二十五日曾國藩等才上奏審明天津案內第一批人犯分別定擬。其審訊經過及變通辦法情形可見抄錄於後的奏摺內容：

審明天津案內各犯分別定擬由奏爲……（略）……臣等自承辦此事久經督飭文武設法購拏，悉心研鞫。自七月下旬設局發審，嚴立限期晝夜返求，直至中秋節前僅得應正法者七、八人，應治罪者二十餘人。臣以辦理日久人犯無多，派員委任更恐洋人不肯輸服轉致枝節橫生。日來激勵各員不得稍存寬縱，務令多緝正兇以示持平而全大局。惟此案事起倉猝，本無預先糾集之正兇而洋人多已傷亡，又無當堂質對之苦主，各屍初入水火旋就掩埋並未驗傷塡格，絕無明跡可爲物色兇手之資用，是漏網之犯難於掩捕。已獲之犯不肯認供，天津無賴之徒有稱爲混星子者，向以能熬刑自詡。此次輒以爲出於義憤，雖酷刑而不畏，而鄰右亦不敢出而質證恐爲輿論所譏彈，又慮仇家之報復，期求罪當情眞定案萬難迅速，欲以無辜充數，則同心既有所不忍而亦不足服洋人之心棘手甚多。愈辦愈窘反復籌思，若拘守常例，群毆斃命以最後下手傷重者當其重罪。此案則當時眾忿齊發，聚如雲屯去如鳥散，事後追究斷不能辦其孰先孰後，孰致命孰不致命。但求確係下手正兇不復究其毆傷何處，此變通辦理之一端也。常例斷獄決囚以本犯畫供爲定，其或本犯供詞狡展，則有眾證確鑿即同獄成之例。此案則各犯恃無屍親堅不吐實，旁人又不肯輕易指質，眾證亦疎難得。臣等議定本犯無供，但得旁證二、三人指實取具切結亦即據以定案，此又變通辦理之一端也。計訊定供證確實者十一人，無供而有確證者四人，共計可以正法者十五名。擬辦軍流者四人，擬辦徒罪者十七人，共計可科輕罪者二十一名，除即日將各犯供摺咨送總理衙門暨刑部外謹先繕具清單恭呈御覽。其情節較重訊有端倪供證均未確實者尚有十六名擬歸第二批辦理，情節較重在逃未獲者有十一名，一併開單先呈御覽以釋宸廑。將來第二批奏請或再辦首從犯各數名，或與洋人訂定抵償實數，中國如數辦到。請旨敕下總理衙門核實行知，臣等以便遵循。此次定擬各犯若遂速行處決，將來拏辦愈難，應與洋人商定統俟續奏二批後併案辦理。所有臣等審明第一批人犯分別定擬緣由謹繕摺具陳……。再臣曾國藩於六月初十日到津，今已逾七十日始將要犯具奏，辦理遲延應請旨將曾國藩交部嚴加議處陳明謹奏。同治九年八月廿五日軍機大臣奉旨八月廿三日。（註八七）

八月廿五日奉到諭旨如後：

諭軍機大臣等，曾國藩等奏審明天津案內各犯分別定擬開單呈覽。……曾國藩等以此案棘手甚多，礙難拘守常例不得不變通辦理。現據訊明各犯，擬辦正法者十五人，擬辦軍徒者二十一人，既屬供證確實情眞罪當，即照所擬辦理。其情節較重訊有端倪，供證尚未確實之犯，仍著認眞研鞫，迅速定擬具奏，未獲各犯並著上緊飭緝歸案訊辦。至所稱將來第二批奏結或首從各數名，或與洋人訂定抵償實數，由總理衙門覈定行知等語所奏殊屬拘泥。此次津民逞忿滋事幾致釀釁，案情重大不得不嚴行懲辦；但衡情定罪惟當以供證爲憑期無枉縱，豈能豫爲懸擬強人就案。著曾國藩等審訊明確持平定擬，不必拘定成見。至應行正法各犯著俟刑部議奏已革天津府張光藻等罪名時再降諭旨。……曾國藩因此案辦理遲延自請交部嚴議著加恩寬免。（註八六）

曾國藩等八月廿三日上奏「將來第二批奏結，或再辦首從各數名或與洋人訂定抵償實數，中國如數辦到」的話，朝廷深不爲然除責以「殊屬拘泥」並諭其「豈能豫爲懸擬，強人就案」更要「審訊明確持平定擬，不必拘定成見」。指出衡情定罪，惟當以「供證爲憑期無枉縱」原則，按情理說這是很有道理，但相信曾國藩是奏也必有他不得已的苦衷。同年九月甲戌（十一日）已革府縣亦經定罪、因此下諭：

……至津民因懷疑激忿不遵地方官彈壓，輒敢逞兇殺害至二十餘命之多，且將其仁慈堂內貞女慘殺尤爲兇殘。現經曾國藩等拏獲滋事人犯審明分別情節輕重，將馮瘸子等即行處決，小錐王五等分別發配安置。經此次嚴辦之後，各直省地方官務當曉諭居民安分守法，毋任再滋事端。遇有中外交涉事件並須按照條約持平妥辦。總期中外商民彼此相安以靖地方。（註八九）

天津地方文武繼續緝犯，努力研訊，直到九月十三日曾國藩等再上奏報告第二批人犯的定擬經過：

……兩旬以來嚴飭地方文武各員續行訪拿晝夜研訊，又獲應正法者五人，應辦軍徒者四人。除將各犯供詞抄咨總理衙門及刑部備查，謹開列清單續呈御覽。此次審明各犯皆係續行緝獲，不在前次附開兩單之內，其前單供證未確者除何四現已治罪外，其餘再四訊鞫迄無定供亦無確證，礙難定罪應即隨時釋放。前單在逃未獲者除楊二現已拏辦外，其餘購線密拏迄未緝獲，其中尤要之犯應俟緝獲之日另行奏結。此案事起倉猝並無預先糾集之人，其後殺人放火萬眾喧雜，亦非百姓始意所能料。今中國力全鄰好，先後兩次共得正法之犯二十人，軍徒各犯二十五人，辦理不為不重，不惟足對法國亦堪徧告諸邦。昨准總理衙門抄錄羅使信函移咨到臣，內稱派德繙譯官前赴天津出具切結並確查燒燬房屋，被搶物件以便議價等語。該繙譯頃已抵津，俟查明回京當可議定賠償確數。拏兇一節最為難辦，此可就緒則其餘各節皆可次第定議。惟查拏兇手雖係首先應辦之事而處決人犯究為最後完案之著。臣等先後定擬應行正法之犯請敕下總理衙門，俟修教堂賠銀諸事繕結之後，知照臣等酌定行刑日期奏明辦理，免致處決之後事務未了，民氣既已大傷和局仍多不協，不能不緦緦過慮也。所有臣等訊結天津案內第二批人犯分別定擬……。（註九〇）

本摺另附擬辦正法及軍徒開列清單：

謹將續訊擬辦正犯要犯五名、軍徒等犯四名，開列清單恭呈御覽：

劉二供認奪洋人之刀殺死洋人之犯。

張二供認用刀剁死仁慈堂服役之犯。
崔秀子供認用刀剁死仁慈堂洋人之犯。
張國順即死人頭供認持刀殺死外國女洋人之犯。
喬二供認殺死仁慈堂女洋人之犯。以上五名擬即正法。
鄧老供認用木棍打傷仁慈堂服役之犯。
楊二供認乘機攫取河樓內銀物之犯。以上二名擬軍。
賈三供認事後檢取仁慈堂什物之犯。
何四供認乘便拾取天主堂衣物之犯。以上二名擬徒。（註九一）

天津一案兇犯經曾國藩等分二批定擬奏結，（請參看附錄二）本可結案，到了九月十五日曾國藩卻又附奏片請由范永換釋穆巴，因其緣由特殊抄錄於後：

再臣等前次奏結第一批人犯，其有證無供者查照眾證確鑿即同獄成之例，本係變通辦法。事後密訪前單所開無供之外均尚不爲誤入。惟穆巴一名雖亦本非安分之徒而此滋事實未在場，民人高秋田等指證爲砍傷富昌行洋人之犯，查明係屬虛誣。其祖母穆李氏具呈天津道衙門力訴冤屈求爲申理。其後續獲范永一犯係前次單開在逃未獲之人。訪查該犯實爲放火燒房正兇，曾經函告總理衙門。現由大名緝獲到案，供認殺人不諱，雖未認放火一節而面有燒傷之痕，共見共聞查覈供情應予正法。惟先後奏正法之犯共得二十人，辦理已不爲少不必再求增加。

而第一批正法各犯三十六人他家皆不訴冤，獨穆巴之祖母訴冤，查訪亦無行兇，實據臣等熟商，尚可更正，應請旨將第一批有證無供之穆巴准予開釋。另請續獲供證確鑿之范永歸案正法以示愼重人命之意。謹將穆巴屬呈詞及范永供單抄送總理衙門、刑部以備查者。一俟此次奉到諭旨即日知照外國領事官，將前後兩批正兇二十人處決以期迅速結案……（註九二）

天津教案的兇犯經二次定擬，到了九月十五日（戊寅）奉上諭：「……曾國藩等接奉此旨後，所有先後定擬正法之犯二十人、軍徒各犯二十五人即行分別辦理，庶可迅速完案。……若遲遲不辦，其餘各節勢難定議。且洋人因此藉口轉致另生枝節，更形棘手……將此由六百里各密諭知之。」（註九三）曾國藩等所擬正法軍徒各犯便遵旨分別辦理。並對羅淑亞所派繙譯官德微理抵津，商議賠償修繕天主堂、仁慈堂等建築物事，也要曾國藩等與德微理妥商籌辦迅速具奏。有關續獲正犯范永換釋穆巴一摺，至九月十八日（辛巳）再奉上諭：

諭軍機大臣等，曾國藩奏遵旨赴兩江，懇請陛見並請將主事陳蘭彬帶至江南暨續獲正犯范永擬即換釋穆巴各摺片。穆巴一犯佐證既未的確，何以前奏遽擬死罪，著即日釋放以重人命。其續獲之范永既屬供證確鑿，爲放火燒房正兇，著照該督等所請歸案正法。曾國藩接奉此旨即著將應辦各事懍遵九月十五日諭旨迅速辦理毋再稽遲，曾國藩即著來京陛見。該處起身後，李鴻章著仍駐天津，勿遽回省。務將彈壓撫綏各事宜，妥爲籌辦，俟津郡中外諸事大定，再行請旨。……

天津教案內各犯審訊定擬及執行到此結束。

# 陸、天津教案的善後事宜

## ㈠教案的賠償及撫卹

天津教案發生後，由於天津府縣官員的審訊及案內各犯緝獲審訊都用去了很長的時間，也耽延了賠償及撫卹的善後事宜。俟府縣及案內各犯議結後，經總理衙門與法國羅淑亞使臣等面商賠償撫卹兩方面的事。到了九月十八日接到羅淑亞的照會，才成了定案。九月廿六日總理衙門奕訢等始上摺報告津案賠償撫卹指撥銀兩的事，詳細經過內容抄錄於後：

……查天津民教滋事，被燬天主仁慈各堂及被戕領事商人教士多名。前經臣等於津案初起時議定辦照會法國使臣羅淑亞緝拏兇手一層未得就緒，無從議及賠償等款。茲於各犯議結後，經臣等與該使臣等面議各款得有端緒。於本月十八日接據羅淑亞照會內稱天津五月二十三日各處所被搶毀之天主堂、領事署、仁慈堂及商人財物合計銀二十一萬兩。又據開被戕各口議明共需銀二十五萬兩等情。即由臣衙門行文户部酌定指撥，旋據户部覆稱賠償法部銀二十一萬兩，現有天津關六成洋稅銀拾萬兩，八分經費節省銀伍萬兩，洋葯厘捐銀陸萬兩，據三口通商大臣咨報均係實存之款自可指撥。其法國撫卹銀二十五萬兩擬於江海關洋稅項下指撥銀十五萬兩，粵海關洋稅項下指撥銀十萬兩等因前來。當經照會法國使臣並以法國單開被戕各口內有英國義國女修士各壹名，比國貳名均由法國轉給，並開明卹銀數目均在二十五萬兩之內。其俄國被戕叄名亦經照會俄國使臣給卹銀叄萬兩，由臣衙門行文戶部撥給。此外尚有被毀英美各教堂已據英國使臣威妥瑪照會聲明由天津英領事伸請直隸總督核辦，美國教堂應一併由該督核辦完案。臣等查法國償卹各款既經議定，自應早爲撥給，現因法國使臣照會請給憑據收領緣由，臣衙門分別行文並備交法國使臣派員持領各款外，相應請旨飭下直隸總督李鴻章、署三口通商大臣成林，署上海大臣魁玉，兩廣總督瑞麟查照前項指撥銀兩，於法國使臣派員持賫臣衙門文件前往時照數撥給以完此案。至俄國卹銀叄萬兩正繕摺間，惟戶部覆此項擬於天津關洋稅項下撥銀叄萬兩等語，應請一併飭下李鴻章成林遵照辦理。所有津案賠償等項指撥各款緣由理合繕摺具陳……。（註九五）九月二十八日奉旨批「依議」。天津教案的賠償撫卹到此告一段落。（請參看附錄三）

### (二)派特使崇厚出使法國

天津教案辦結，爲了將此案詳細原委及如何議結情形對法國有個交待，並示兩國和好之誼；清廷選派兵部侍郎三口通商大臣崇厚前往法國。總理衙門於九年十月初一日致照會給法國使臣羅淑亞及法國總理衙門（外交部）：

爲照會事。查同治九年五月二十三日天津洋人被害一案，其起事之由緣拐掠之案，牽涉從教民人在內，因疑成憤，相激致變竟至有此巨案。奏聞之日奉大皇帝特旨欽派太子太保雙眼花翎武英殿大學士直隸總督世襲一等毅勇侯曾赴津查辦。又奉上諭著各省督撫嚴飭所屬將各處通商傳教地方隨時保護。復蒙欽派太子少保頭品頂戴雙眼花翎鑲紅旗都統兵部左侍郎三口通商大臣崇出使貴國以著兩國實心和好之誼。本王大臣以此案變成倉猝，貴國官民慘罹此害，深爲可憫。中國與貴國交好多年，不意民間出此意外之事深爲扼腕。疊經恭錄諭旨照會貴國署理欽差羅大臣貴大臣並以此案兇犯必須確切查拏，嚴訊殺人之犯無論貴賤按例定擬並辦理不善地方等官先行交部議處。各教堂衙署被毀之處亦應一律修補。其斃命童貞女甚爲惋惜，由貴大臣羅大臣查明姓氏開單照會以便議卹各情，先行照會貴大臣羅大臣在案。嗣經大學士直隸總督曾中堂等具奏查明滋事情形聲明剜眼剖心均屬謠言並無其事。請明降諭旨以釋群疑，嚴飭地方文武趕緊查拏兇犯並請旨將事前不能彈壓事後又不迅速獲犯之天津府張光藻，天津縣劉傑於民教起釁一案事前疏於防犯，事後又不能迅速獲犯，當經降旨革職交刑部治罪。嗣經曾國藩等取具親供並將該革員等押解到部。茲據刑部奏請照刁民滋事地方文職不能彈壓撫卹革職例上從重擬以發往軍台効力，並以案情重大應如何從重改發之處請旨等語。該府縣責任地方乃於津民聚眾滋事不能設法防範，致匪徒乘機焚殺戕害多命，又未將兇犯趕緊拏獲情節較重，張光藻劉傑均著從重改發黑龍江効力贖罪以示懲儆。至津民因懷疑激忿不遵地方官彈壓，輒敢逞兇害至二十餘命之多，且將其仁慈堂內貞女慘殺尤爲兇殘。現經曾國藩等拏獲滋事人犯，審明分別情節輕重，將馮瘸子等十五犯擬以正法，小錐王五等二十一犯擬以軍徒，即屬情眞罪當，即著照所擬將馮瘸子等即行處決，小錐王五等分別發配安置。經此次嚴辦之後各直省地方官務當曉諭居民安分守法毋任再滋事端，遇有中外交涉事件並須按照條約持平妥辦，總期中外商民彼此相安以靖地方欽此。又於十五日奉上諭曾國藩等奏續訊天津案內人犯分別定擬一摺，此次續拏各犯既據曾國藩等單開訊明情節輕重，著照該督等所擬將劉二等五犯即行正法，鄧老等四犯分別發配安置欽此。均經恭錄上諭照會貴大臣貴國羅大臣各在案。查初辦此案之時，羅大臣嘗有請天津府縣及提督陳國瑞正法之說，現在如此辦法未甚滿貴大臣貴國羅大臣之意者實緣於中國諸多窒礙，其中一切情由崇大臣行抵貴國，自能面達其詳。且該府縣業經直隸總督曾等會同訊明，此案實由津民輕信謠言懷疑起釁並非受地方官主使所致。今將殺人之犯均行正法並將該革員等問擬改發黑龍江効力贖罪已屬從重懲辦以儆將來。至陳提督國瑞在津流寓養病，係屬過路官員並無干預地方之事，亦經會訊明確應毋庸議。所有緝兇抵罪一節中國現已認眞辦理使無枉縱。其修葺教堂賠償失物件共計銀二十一萬兩，經羅大臣照會本衙門照辦在案。被害各官商男婦及女修士等，我大皇帝深加憫惻酌發撫卹銀二十五萬兩，開具人口銀數單照會羅大臣將來按單轉爲分給。本案既經辦結仍當防患將來，現在新調太子太保協辦大學士賞戴雙眼花翎世襲一等肅毅伯直隸總督李（鴻章）駐劄天津用資保護。本王大臣查中國與貴國誼敦和好歷有年。即天津一案係由民間一朝生釁，於我國家信義相孚之誼仍屬絲毫無所更損，現在此案業就清結。茲崇大臣遵奉大皇帝特旨親賫國書前往貴國用昭久遠和好之美意。再貴國哪威勇，英布爾兩負經崇大臣奏明同往幫同料理一切，除照會貴國總理各國事務衙門羅大臣外相應照會貴大臣貴國總理各國事務衙門查照可也，須至照會者。（註九六）

這是一份照會抄錄底稿。崇厚出使法國帶了這份照會正本給法國外交部，遇到法國接待各官議及此事做爲論辯的根據，而對天津教案來說這是一件結束的公開信。

同治九年五月三十日奉旨三口通商大臣崇厚出使大法國欽差大臣。崇厚於七月十八日交卸三口通商大臣的職務來北京等候出國的旨諭，當時因天津教案尚未辦結無法出使。九月十五日續獲天津教案的兇犯始奉旨定擬，教案辦結的蹟象始露，總理衙門便著手籌撥出使法國大臣經費，並於九月廿四日上摺報告擬撥經過：

奏爲出使法國大臣擬撥經費恭摺奏祈聖鑒事。竊照同治九年五月三十日奉旨三口通商大臣兵部左侍郎崇厚著充出使大法國欽差大臣欽此。嗣經大臣卸事來京，緣天津一案尚未就緒，勢難率爾起程。現在此案將次完結，該大臣自應遵旨前往以昭信義。此行遠涉重洋往返十數萬里，需時既久費用綦繁，該大臣本身所需資斧據稱身受重恩理應報効，均由自備不取有費帑需。至隨帶文員武弁以及書識丁役人數眾多，所有整裝薪水盤費工食紙張等項係屬辦公所用，並有奏明隨往洋員尤應稍優給予俸薪，大致仿照前次臣志剛等出使之例辦理。臣等公同商酌擬請飭下署理三口通商成林，在該大臣崇厚節省天津八分經費存餘項下撥銷五萬兩交該大臣自行攜帶，以資前項開支，並免造册報銷用歸簡易。所有臣等擬請指撥經費緣由具陳……。（註九七）

該摺一上，同日便奉旨依議，經費便有著落了。

崇厚在五月三十日出使法國諭旨下達後，便選擇隨帶中外各員，六月初九日奉旨的摺片內便列請擬詳細名單：

再奴才應需隨帶各員，查有三品銜廣東候補知府高從望，三品銜直隸候補同知黃惠廉，隨同奴才當差多年熟悉外國情形堪以隨帶。又准總理各國事務衙門公函，法國公館薦舉法國人繙譯官英布爾（天津稅務司幫辦）、哪威勇（煙臺稅務司幫辦）二名，既係法館所薦擬即照允以期得力。又同文館學生德明疊次出洋，通曉外國語言文字擬請帶同前往。御批知道了。

崇厚又奏：

天津美國領事官密妥古係英國人，明練老成，在洋人中品望素著，於中國公事最能盡心，擬請旨授爲協理大臣，隨同奴才前往法國幫辦一切以期得力。御批該衙門議奏。（註九八）

到了六月十二日總理衙門便奉旨議奏：

……惟查臣衙門奏派出使泰西各國大臣志剛，孫家穀，辦理中外交涉事件成案，曾經請派美國使臣蒲安臣爲出使大臣，與志剛等一體辦事，後以英國人柏卓安法國人德善爲左右協理。蒲安臣本係美國大臣與此次崇厚奏派協理大臣之美國領事官密妥古微有區。而此案事因法國則借用美國官員更屬客中之客，似不若添派法國一員一律隨同辦理，益足示無外議而折遠人之心。臣等公同酌覈擬請查照志剛等出使外國奏派左右協理成案，以美國領事官密妥古作爲左協理，並令崇厚於素識之法國人擇其誠實可靠者作爲右協理。由崇厚自行覈選奏明辦理，庶體制可以相符，而使事藉徵得力。御批依議。（註九九）

崇厚原來奏請以美國領事官密妥古授爲協理，經總理衙門議請作爲左協理，但密妥古辦理機器局有經手未完事件未便更易，因而擬請改派台灣稅務司薄郎並調派中國人員等詳情見其奏摺及呈覽名單：

……擬請改派。查有前充天津總教官恩賞總兵銜置台灣稅司英人薄郎，通曉法、英、布各國語言文字，人甚誠實可靠。奴才商請總理衙門王大臣令總稅務司赫德劄調薄郎前來，隨帶前往以資得力。復因現赴法國必得有熟習法文中國人員期於公事有益，又各國水土迥別寒暖不同應有醫士偕行。查得同文館學生八品官慶常通曉法文，七品職銜俞奎文明白醫理擬請恩施均於六品銜由奴才隨帶出差。所有中外文武官弁供事丁役人等銜名數目另繕清單恭呈御覽。除將整裝薪水等項酌定數目咨報總理衙門，其輪船輛車店房各含雜費等項難以預計，應俟差竣後再行咨明外理合附片具陳……。（註一〇〇）

隨帶出使中外各員名數單：

謹將隨帶出使中外各員開單恭呈御覽

三品銜　廣東候補知府　高從望

三品銜　直隸候補同知　黃惠廉

員外郎銜候選主事　德明　八品官　慶常

游擊銜候補都司　鄭明德

守備銜候補千總　張錦隆

六品銜外委　劉國梁　七品銜醫官　俞奎文

總兵銜　署台灣稅務司　英人薄郎

煙台稅務司幫辦　法人哪威勇

天津稅務司幫辦　法人般布爾

供事二名　各項跟役等十三名。（註一〇一）

以上清單所列，加上崇厚本人總計有二十七人之多。

崇厚於七月十八日交卸三口通商大臣篆務，七月二十四日咨呈軍機處王大臣經面交總理衙門刊刻木質關防一顆，其文曰「欽差大臣太子少保兵部左侍郎通商大臣之關防」中刊清文年月謹於七月二十四開用。（註一〇二）由於津案撫卹賠償的事於九月底結案。崇厚於十月一日上奏出使法國定期起程，並祇領應賫國書等件以「敬謹將事宣布皇仁」應而「仰懇大恩俯加訓示」，奉旨「知道了」。崇厚便於十月二日南下。

崇厚所賫清朝致法國國書極具歷史意義抄錄於後：

大清國大皇帝問大法國大皇帝好！朕誕膺天命寅紹丕基眷念友邦永敦和好。同治九年五月間天津民人，因匪徒迷拐幼孩懷疑滋事。先後派太子太保雙眼花翎武英殿大學士直隸總督調任兩江總督一等毅勇侯曾國藩等前赴天津秉公查辦。又降旨令各直省督撫嚴飭所屬地方官一律隨時保護。嗣經曾國藩等將辦理不善之地方官交部治罪，於刑部議定罪名時，復從重將已革天津府知府張光藻，已革天津縣知縣劉傑改發黑龍江効力贖罪以示懲警。至滋事人犯經曾國藩等先後審明情節輕重，當即正法者二十犯，問軍徒者二十五犯。並令各直省地方官曉諭居民毋再滋事，務期貴國之人得以相安。至天津之事變生民間，朕與貴國和好有年毫無芥蒂。茲特簡太子少保頭品頂戴雙眼花翎鑲紅旗漢軍副都統兵部左侍郎三口通商大臣崇厚前赴貴國代達衷曲，以爲眞心和好之據。朕知崇厚幹練忠誠和平，通達中外事務甚爲熟習。務望推誠相信以永臻友睦共享昇平，諒必深爲歡悅也。（註一〇四）

崇厚於十月初二日起程，於十月十八日行抵上海吳淞口，並接見上海道徐宗瀛暨各國領事官。再行搭乘法國公司輪船於廿四日行抵香港。爲了等候開往法國輪船行期，於閏十月一日便自港到粵省與兩廣總督瑞麟等相晤。到了閏十月初十日始再往香港轉搭法國輪船出洋使法。

同治九年十二月五日崇厚抵法國馬塞，崇厚抵法後雖受禮遇，但法國政府遲遲未與其相晤。直至同治十年三月二十八日法國代表熱夫類（De Geofroy）向出使大臣崇厚重提天津教案及北京法使覲見問題，但崇厚拒與商談。崇厚於同治十年六月初八、十四等日送信到總理衙門，表達法國未能滿意於天津一案中國的處理辦法，因此要求中國給以全權大臣予崇厚，另議辦理。這種要求自然非總理衙門逕能答應的。總理衙門便於同治十年七月十七日繕摺密陳崇厚函述與法國人齟齬等情形，抄錄原摺於後以瞭解經過：

總理衙門摺　同治十年七月十七日

臣奕等跪奏爲接據出使大臣崇厚函述與法人齟齬各節，謹將臣等現籌辦情形恭摺密陳，仰祈聖鑒事。竊照上年天津一案辦結，兵部侍郎崇厚奉命充出使法國大臣。該大臣抵法國後，適值法布交兵大局未定，屢接崇厚來函知該國相待禮甚周；惟遲遲未與派員面晤，經崇厚照會催問，據覆以中國未准外國使臣請覲爲詞，曾將抄錄前給蒲安臣照會，預議中國使臣出使外國不必面交國書及從前駁覆法國請覲照會等件，寄交該大臣查照立論在案。茲于六月初八，十四等日迭接崇厚函稱法國派熱夫類相見，以天津一案辦法未能滿足意願，請中國加崇厚全權大臣另議辦理。崇厚告以津案已經辦結，此行專爲通好而來，況中國亦無人臣請加全權之理。熱夫類則云當致信現駐中國之法國使臣羅淑亞，英國使臣威妥瑪代向中國請加。又附到洋新聞紙，據稱內有中國議論傳教節略，不久有打仗情事等語。彼時法國使臣羅淑亞英國使臣威妥瑪均先期出京並無代請全權之舉。臣等先行函覆崇厚，令其鎮靜以待勿爲所搖。嗣羅淑亞回京遣繙譯官李梅來署，轉述一切，如代要全權等事與崇厚所稱相符。臣等當即峻詞以拒，並詰其不收國書之故，該繙譯始謂崇厚未曾提及，繼又謂熱夫類以國書可以收但要先議別事。臣等揭其所言兩相矛盾且示以津案已結無議，出使一事早經彼此商定，如法國竟未接收國書豈兩國和好之道，該繙譯於不收國書一節未敢承認而詞氣間則別有要挾，臣等將要挾各端均爲杜絕仍力責其不受國書。該繙譯不能再辯始云未收國書一節或因見或不見彼此有誤會處，惟崇厚在法國時不與彼國執政辯論各事似非出使之道。臣等微窺其意所云彼此誤會者似暗有轉機，其歸咎崇厚不與辯論者實欲藉辯論爲挾制之具耳。當告以中國出使外國重在交遞國書不在見與不見。如係誤會祇須彼此函致時不必面遞國書一節聲敘明晰即可釋然。且交遞國書後于中外交涉事件，崇厚無不可據實議論，而辦事之權斷不能有。并告以彼此言明之後如再有齟齬，惟有令崇厚照會法國執政索一不收國書照覆回京覆命。該繙譯無可置詞，允將以上辯論各情由羅淑亞函致本國，並于次日照繕照會前來。臣等當即照覆，一面詳細函致崇厚酌度辦理，此連日往復辯駁情形也。臣等悉心推度，據崇厚函述情形尤爲叵測而該國使臣照會及晤該繙譯李梅語氣尚近和平，似與洋新聞紙所云不同。至法國兵船前來之說迭有傳聞，不獨崇厚言之，即李鴻章函致臣亦言法國雖經大挫而前在中國兵船從未撤回，且因美國與朝鮮接仗有另派兵船前來相助之事。臣等因不敢稍涉大意亦斷不因此中餒，揆之目下情形原難保不再生枝節，而大體所在不能不設法維持，應俟崇厚接信後續有函報，相機籌辦。所有崇厚函述與法國人齟齬及臣等辯論籌辦情形理合繕摺密陳……。七月十七日奉旨知道了。（註一〇五）

法國代表熱夫類與崇厚議久不協，崇厚不克呈遞國書，遂於八月中旬赴英美遊歷。十月五日始再至巴黎，十月十一日（西元一八七一、十一、廿三）崇厚爲天津教案事向法總統帖爾（Thirrs）謝罪並呈遞國書。十月廿五日崇厚離巴黎返國。崇厚於同治九年十二月五日抵法國，直至同治十年十月廿五日離法，前後在法國等候了十個多月，足見法國不予重視並有意拖延。其實法國歷經普法戰爭（同治九年六月至同治十年正月），受到極大的失利，除以亞爾薩斯，洛林二州割讓與普國外，並償軍費五十億法郎。新建立的第三次共和，百廢等興，倉遑自救無暇顧及亞洲的中法問題。崇厚於同治十年十二月二十日安抵上海並上摺馳抵上海日期。次年正月二十日崇厚在滄州發摺恭報出使法國辦理情形並抄錄往來文件呈覽。六月初十日總塰衙門上摺出使法國經費請免報銷事。天津教案因崇厚出使法國任務的完成而結束。

# 柒、結　論

經過以上的探討，得知天津教案所牽涉的範圍廣大，民教的衝突，教案的審訊，教案賠償撫卹的交涉，外交的折衝，再加上世界各國的矚目，民情輿論的關注等，處處顯得天津教案影響的深遠，簡述下列幾點：

## ㈠三口通商大臣不必專設及他的廢置

天津教案發生，暴露了三口通商大臣專設的弊端，他有綏靖地方之責，卻不能統制文武之權，經常有指臂無助呼應不靈現象。咸豐十年十二月初十日奉上諭：「……侍郎銜候補京堂崇厚著作爲辦理三口通商大臣駐紮天津，管理牛莊、天津、登州三口通商事務會同各該將軍督撫府尹辦理並頒給三口通商大臣關防。……各口著該督撫會同崇厚辦理所有各國照會及一切通商事宜隨時奏報。」（註一〇六）天津道府縣爲辦理通商事宜必須會同三口通商大臣辦理，但在體制上仍歸直隸總督的節制。因此常有彼此推諉情形，地方官便存有觀望消極態度。遇事便不能積極果斷負責。爲了消弭這個缺點，因此有人提議三口通商大臣不必專設，由直隸總督加三口通商事務授爲欽差職銜北洋通商大臣，駐天津，冬令封河還駐保定。經朝廷接納，三口通商大臣遂廢。茲抄錄毛昶熙奏摺及總理衙門議奏以作詳細的註解：

同治九年九月十六日　尚書毛昶熙摺

奏爲天津洋務海防宜變通辦理，敬陳管見仰祈聖鑒事。竊以天津地方在京師肘腋之間，華洋雜處易滋事端，一或不靖所關匪細，防守撫綏不可偏廢，近年添設三口通商大臣駐紮其地專辦洋務兼督海防，立法之意至爲周密。惟中外交涉事件均須地方官相助爲理，而鎮道府縣皆非所屬。該大臣有綏靖地方之責，無統轄文武之權。倘或各意見不聽指麾，必須函商督臣於數百里之外，事機變幻祇在須臾，書牘往還動需時日，緩不濟急貽誤必多。至該處海防尤關緊要，向係會同直隸總督提督籌辦，數年以來漸失本意，督提二臣以相待而交廢，地方文武員弁陰違陽奉，貌合神離。其庸懦者以予奪之權不屬，既欲遂其因循延玩之私；其巧滑者以經撫之勢不侔，復潛用其觀望迎合之術，指臂無助呼應不靈。一旦有急與舉歷年糜餉巨萬之兵，不惟不足備干城甚至不足資彈壓，海防尚可問哉！本年五月二十三日之案雖事起倉卒，本非意料所及，然其時南北謠言同時並起。南洋皆漸臻安謐，北洋遂僨起波瀾，推原其故未必不由於此。今幸仰賴皇太后皇上福威，辦理已有頭緒，然不亟思變計恐已開之釁可以漸消，而未萌之患難以盡弭，此不可不熟慮者也。夫謀事貴廣，諮詢則寡不若眾，任人宜防牽制則分不如專。查三口通商事務不及五口之多，而五口專歸兩江督臣總辦，十年以來著有成效。

臣愚以爲三口通商亦不必專設大員，所有洋務海防宜責成直隸總督悉心經理，並仿照五口通商大臣之例，特頒給欽差大臣關防以昭信守。其新鈔兩關稅務較繁可否添設海關道一員專司其事並管理尋常華洋交涉事件。遇有疑難大事仍稟請督臣指示妥爲遵辦。至三口通商衙署即可作爲督臣行館，由督臣酌量緩急，有事則暫駐津郡，無事仍回省城。從前兩江督臣兼辦河漕常有駐江北之時，此亦可仿照辦理者也……。（註一〇七）

這個奏摺上了之後，同日軍機大臣面奉諭旨，「毛昶熙奏敬陳管見一摺著該衙門議奏。」總理各國事務衙門恭親王訢等即於十月廿日上奏議覆如后：

……臣等伏查咸豐十年間，欽奉諭旨設立三口通商大臣，專辦天津、登州、牛莊各海口事務。維時大局初定，洋關開辦伊始，臣等因天津爲畿輔屏蔽海疆咽喉。奏明於天津通永等鎮抽撥兵丁習練洋槍隊伍，以備防勦緩急之用。洋務海防原係直隸總督應辦之事，特以督臣遠駐省城，彼時東豫各省匪蹤未靖無暇兼顧津防，是以設立三口大臣駐津會商督臣辦理，並非直隸總督專辦地方三口大臣專辦通商也。況近年來民教相爭案件疊出，全賴地方官多方撫馭先事豫防。本年津門之案，雖屬變起倉猝，如果該地方官同心協力相助爲理、不難弭患未萌何致釀成事端上煩宵旰。該尚書原奏内稱地方文武員弁陽奉陰違，其庸懦者以予奪之權不屬，既欲遂其因循延玩之私；其巧滑者以經撫之勢不侔，復潛用其觀望迎合之術，實爲切中現時情弊。是設官所以鎭撫地方，而地方官非特不能指臂相聯抑且坐觀成敗。若不及早變計，由本省大吏督辦，不惟無以靖鄰疆，並無以弭邊釁。與其分任而事有偏廢，何如專任而責有攸歸。臣等公同商酌應如尚書所奏，三口通商不必專設，所有洋務海防均責成直隸總督悉心經理，並仿照南洋大臣之例頒給欽差大臣關防以昭信守。並請將山東登來青道所管之東海關，奉省奉錦道所管之牛莊關仍歸該大臣統轄以免牽制而一事權。至總督駐紮保定控制扼要，津郡係該督所轄原應兼顧。惟海防緊要異常洋務變遷無定，一旦有事由地方官稟商請示每至坐失機宜，自應参酌移紮以便就近彈壓，設有緩急呼應較爲靈便，應如該尚書原奏仿照兩江督臣兼辦河漕暫駐江北成案。請旨飭下該督每年海口春融開凍後移紮天津，冬令封河後仍回省城。天津遇有要件仍不必拘定封河回省之制。原設三口大臣衙署即改爲直隸總督行館。至新鈔兩關稅務應否添設海關道一員專司其事之處，應由督臣李鴻章酌議奏明辦理。……。」（註一〇八）

總理衙門的覆議即奉諭旨：「……著照所議，三口通商大臣一缺即行裁撤，所有洋務海防各事宜，著歸直隸總督經營。……」（註一〇九）後經李鴻章復議請旨添設津海關道一缺，專管洋務及新鈔兩關稅務，凡華洋交涉案件責令該道督同府縣各官認眞妥辦，並由直隸總督揀員請補俾可呼應得力。三口通商大臣的裁撤及津海關道的添設等這是第一項天津教案的影響。

### (二)外洋使臣漸形驕傲，練兵固本之議興

天津教案發生辦案大臣唯恐發生邊釁，處事稍形軟弱，使得外洋使臣趾氣揚益形驕傲，因此國內

練兵固本之議遂興，誠如穆圖善所奏：

奏爲外洋使臣立意漸形驕傲亟宜思患預防，儲糧練兵以固根本……近日法國使臣羅淑亞因各省教案未能迅結，竟自行出京攜帶兵船藉圖挾制，而英國使臣威妥瑪又以羅淑亞催辦各省積案有效引爲口實，各該使臣自鳴得意，其輕視中國官吏漸長驕傲之心。地方官於交涉及傳教事件固應持平辦理，經權互用冀弭釁端；但細察該使臣所行所言正恐無厭之求愈出愈多，此事遂其意又新另變一計而要挾之。誠如聖訓此風何可漸長，倘各國聞而效尤後患伊於何底。……諸臣仰領廟謨，在天津民教一案自不難尅日了結斷不致遽起戎機。第京師爲根本重地理應備豫不虞。奴才愚見此時儲糧練兵實爲至急之務，似宜於各省轉運天津漕未，催令源源撥解移儲京倉，一面挑選吉林黑龍江馬隊約四千人派得力將領勤加訓練。其近畿各省標路官兵亦令認眞整飭按期操演大張聲勢，既足威懾外夷京城自恃以不恐，幸而無事。所有練就馬步官兵不難調往軍務省分助剿。操縱由我主持總不致臨時棘手。……。（註一一〇）

又如同治九年九月二十六日王家璧所奏的重國本而固人心摺子中說的相同：

……民猶水也，水能載舟亦能覆舟。若此案辦理過當，遏其親上死長之氣，啓其背上向外之心。天津爲京師通海咽喉，其民情好勇而不能辨義，臣恐知義而畏法者他徙，其留者激而外交，甚非國家之福也。且恐但恃和議而不設備不恤民，一旦有事則疆臣通商大臣及地方官等素懷忠義，將不免爲葉名琛之續而民莫之顧。何者？自翦子弟而欲父兄之安，自去手足而欲頭目之安不可得也。國家安危之勢亦係乎此。伏願聖慮深遠垂察廷臣公議，愛護元氣以重國體而固人心，用培萬年有道之長天下幸甚。臣爲安危所係在乎民心起見，實切冒昧瀝陳……。（註一一一）

又如給事中陳鴻翊也特別强調津郡民心渙散，亟宜固結以弭釁端，認爲「丁日昌到津惟以查拏生事之人爲務，其拂民心更甚。……如津郡之人心不固，即天下之人心難固矣！」（註一一二）因此他希望李鴻章赴津接辦津案，不要重蹈覆轍，不要拘定成見，要多體察民情軫惜民生，才能避免於無形，消患於未萌。諸如此類的議論盛興。

### ㈢天主教弛禁地方官宜風骨森嚴

民教相爭，百姓對天主教教民普遍不滿，在於教民利用洋人勢力欺壓百姓，甚至地方官偏袒教民更覺髮指。天津教案後，對於地方官人品氣慨受到一般士民的重視，爲避免民教交惡，教案再現，因此朝野上下都希望今後地方官的拔用能選擇風骨森嚴的人，不顧外國使節教士的脅迫，能公平持正的立場處理教案。引用丁日昌的奏摺可作一項很好的註解：

> 奏爲官民過出有因，教務隱憂方大恭摺密陳實在情形仰祈聖鑒事。……即以天津一口言之，自通商後中外商民相安已久毫無閒言，耶穌教人亦不以爲怨，惟百姓言及天主教則異口同聲恨之入骨。蓋緣天津莠民最多，一經入教則凌虐鄉里欺壓平民。官吏志在敷衍，但求無事而不求了事，又不敢將百姓受屈之處與領事官力爭，領事官又何從知教民如此妄爲，百姓怨毒積

中幾有及爾偕亡之憤。……至府縣（指天津案之張光藻劉傑）事出無心情有可原，不惟殺之不足以弭邊釁，即使一時敷衍了事，而地方官從此引爲前車之鑒。身家念重名節念輕，將來即遇洋人無理之事亦將唯命是聽，吏治人心何可復問？……伏乞聖明飭知中外通商衙門，將天主一教於今年續修條約時，議明教士不准濫收莠民干預詞訟，并嚴飭疆吏凡地方官必須慎選有風骨通時務之員方能持平辦事。於理應保護者必爲認眞保護不可內外異心，於理應爭持者必當竭力爭持，不可因循釀禍，幾未雨綢繆不致激成事端。……（註一一三）

教民借教士領事以爲作惡多端的羽翼，地方官志在敷衍，使百姓深受教內莠民之害，受屈之處得不到力爭。因此丁日昌奏請慎選有節操的地方官，道理說得透澈。他的奏請遂爲總理衙門所接納，它的答覆如後：

……溯當天主教弛禁刊入條約之後，即臣衙門辦理交涉事件之初履霜冰至，早慮其流弊日滋。但從前中國兵力不足致有損約之事。現既定約於前勢必不能背信於後，祇有就事防維冀其勿致太甚。曾於咸豐十一年將法國使臣給傳教士論單，有傳教人以勸善爲務，絲毫不得干預別項公私事件等詞，通行各省查照。並於同治元年三月間奏奉諭旨，凡交涉教民事件務須迅速持平辦理，不得急爲輕重以示一視同仁。歷年以來臣等與各疆吏往返籌商，地方官遇有交涉案件無不以照約持平，勿聽教士干預詞訟致令民教相仇爲要，無不曉諭。雖屬再三而奉行未盡得力。即如該督撫所稱教士不准干預公事，而係臣衙門咸豐十一年通行各省，傳教人不得絲毫干預別項公私事件之意。今督撫復以此為言，是地方官並未照此辦理可知。曾國藩所稱就此次議結之時與各使臣商訂預杜後來釁端，及丁日昌所稱於修約時議明教民不濫收莠民干預詞訟各辦法，臣衙門惟有隨時隨事仍持前說。苟有一隙可乘之機，自必悉心籌辦，以期維持一分即少一分流毒。惟立法匪難得人為難，丁日昌所請嚴飭疆吏凡地方官必須慎選有風骨通時務之員，方能持平或堅持成例，而未揆諸時事之宜，則有偏苛教民之生，或顧全大局而不準曲直之平，則有偏護教民之失，其甚者並非持正而以刻待教民，為易沾令名之具。又其甚者並非顧全大局而以徇屈教民為挾制上司之計，其失愈甚而釀患益深，各省民教生釁之由總之不離乎此。今為正本清源之策，先盡其在我之端，則平時施措臨事權衡，全在地方官操縱合宜剛柔互濟。可否飭下各省督撫，慎選有司必風骨森嚴，遇教士非分之求乃能據理駁斥，必時務通曉，遇照約應辦之事乃能妥為撫綏，庶中外相信或可消弭患端。……（註一一四）

消弭民教之爭，地方官佔有舉足輕重的地位，經由天津教案之後，朝野上下注重慎選有司必風骨森嚴，必能據理力爭，始消弭教患於無形，這是天津教案影響之一。

**㈣曾國藩辦理天津教案，負重謗而疾益劇，該案未議結被調兩江總督，而李鴻章卻因結津案而得利，名譟中外。**

曾國藩處理天津教案，為「立意不欲與之開衅，準情酌量持平結案」起見，因此對法國使臣手段不免柔弱，頓失民心，深受各方指責。對於天津教案的導火線──「武蘭珍是否果為教堂所養？」「王三是否確曾給銀洋於武蘭珍，用於迷拐幼孩之用？」都沒有澈底審究有個詳細交待，而一味地將天津府縣張光藻劉傑等奏請撤任、革職，並解交刑部治罪，以應法使羅淑亞不次照會索求議抵。並督率所屬及丁日昌等搜捕天津教案的兇犯，前後兩次審結人犯達四五十人之多，正法者有二十人，眞可謂驚天動地之舉。由於津郡人民不了解他顧全大局的本意，認爲他妄參良吏，不獎士民義憤，因此引起朝野不滿，甚至呼爲賣國賊，人人得而殺之。他自己在事後不免也云：「神明之疚實至今未嘗暫弭。」又曰：「民氣既已大傷，和局仍多不協，不能不愢愢過慮也。」就曾國藩本身來說，自同治九年五月二十三日案發，五月二十五日他接獲赴津查辦諭旨始，直到九年九月十五日奉上諭速將定擬兇犯立即處決並奉旨來京陛見爲止，總共逾三個月半長期勞心勞力，又屢經法使照會的逼迫，觸發病症登時嘔吐大作、甚至延續達三小時之久，其病體益形嚴重。適兩江總督馬新貽被刺、命曾國藩仍督兩江審理命案。李鴻章調補直隸總督（註一一五）。曾國藩雖然九月六日派員齎送直隸總督關防長盧鹽政印信交李鴻章接受任事。但他並未赴兩江任所。他上奏曰：「目下津案尙未就緒，李鴻章到津接篆以後，臣仍當暫留津郡會同辦理以期仰慰聖廑。一俟津事奏結，再行請開大學士之缺專心調理。」（註一一六）直到九月十八日津案奏結奉諭進京陛見。總之天津教案始末曾國藩都參予其事，李鴻章實無絲毫功勞也。但一般人都認爲李鴻章抵津未久即報結案，皆以爲李鴻章久居上海與洋人接觸時久，處理外交事務勝於曾國藩者，後曾國藩調補江南，同治十一年二月死于任上。現節錄幾段奏摺以明瞭當時輿論對曾國藩的不滿情形：

1.同治九年七月十五日丁日昌奏摺：

……抑臣更有請者，自古以來往往局外之議論不諒局中之艱難。然一唱百合亦足熒聽聞，而撓大局卒以事勢決裂。……（註一一七）

2.同治九年七月二十六日胡毓筠奏摺：

……惟天津之案自曾國藩等查辦以來，中外人心均未能服。朝廷因又派毛昶熙會同辦理，乃衆論譁然日甚一日。推原其故，總由王三武蘭珍不知如何發落，易滋中外之疑也。查曾國藩等奏稱一以雪洋人之冤，一以解士民之惑，此案似無可疑矣。而原奏內有王三雖經供認授藥與武蘭珍，然尚時供時翻等語，所供若何？所翻若何？中外均不得而知，其何能服中外之心，釋中外之疑哉。在洋人且疑曰王三未必認供，其所認供者必係曾國藩等袒護百姓也。在士民且疑曰王三未必翻供者必係曾國藩等周旋外國也。洋人之疑愈積愈深。士民之疑愈積愈深，難保不再生事端萬難收拾。彼時欲籌和議而不能，欲顧輿情而不得，爲患豈可勝言乎。應請旨飭毛昶熙等妥派官員將王三武蘭珍解送京師，暫交刑部看守。倘該犯或有途中逃逸揑報病故等情，定惟官弁是問。然後我皇上明諭王大臣大學士六部九卿翰詹科道會同審訊，確取王三武蘭珍實供，秉公定議再奏，奉諭旨宣示中外。明知該犯無知愚民不足以上廑宸慮，而案關中外構衅，王三武蘭珍爲緊要關鍵不得不提訊辦明，必如此而後洋人之冤雪，必如此而後士民之惑解。不獨曾國藩等辦理此案之心可表白於中外，而疑竇一消時局自定。從此中外可

相安於無事矣。臣爲釋群疑維大局起見恭摺具陳。」（註一一八）

3.同治九年九月二十六日太常侍卿王家壁奏摺：

……豐大業圖戰大臣及地方官形同尉止聶政，律以春秋之義綱目之例當大書爲盜，古聖王之世未有國人攻盜而駢戮國人者也，未有國人攻盜而罪守土監國諸臣者也。即欲請皇上加禮外國以昭和好，且念眾怒之時不無誤殺亦祇應請賜以厚葬恤以喪銀，庶幾情厚理平。乃傳聞該大臣等奏辦情節多有未符，不免於法國曲徇出脫，於津民過涉吹求。曾國藩忠誠體國中外皆知，老成遠謀當注意根本而於辦理此案亦負謗聲。至於丁日昌爲人，臣在江南即聞有丁鬼奴之稱，其抑民奉外羅織株連以求快洋人之意自可想見。該大臣等蓋慮辦理未到極處，多恐洋人饒舌不思防民之口甚於防川乎？川壅而潰傷人必多，且臣聞洋人所到之處迷拐之事恒有之，或係一人一家之事，告官不爲受理，多噤不發聲而蓄怨積怒已非一日。」（註一一九）曾國藩查辦天津教案，雖滿朝文武齊詆曾國藩、丁日昌等媚事洋人罔顧民心的情況下，尚能力持鎮靜完成結案。總之曾國藩處理本案應算是妥當的，否則光緒十年（西元一八八四）中法戰爭或可提前於此時暴發了。

### ㈤諭令沿海口岸嚴密設防以杜洋人窺伺之心

天津教案發生，引起中外各國的關注，並波及法、俄、比、英、義、美各國。清廷知道事態嚴重，除將曾國藩調到天津查辦外，一面由軍機大臣密寄直隸總督暨沿海將軍督撫，統籌勝算嚴密奏聞。

給閩浙總督兼署福建巡撫英桂的上諭云：「現在各省江海岸設立防兵，能否眞實可靠。著英桂嚴飭各該帶兵各員隨時訓練，實力整頓，並將現在辦理情形，詳細具奏。」（註一二〇）當時清朝海防鬆弛，天津教案引起海防的緊張也不失爲一劑强心針。

## ㈥天津教案對傳教事業的影響

天津教案發生，清廷有見於各地方民教相爭的頻仍，爲避免類似教案再次的發生，遂於同治九年六月初二日頒發上諭禁止各地迫害天主教徒並嚴拏肇事的匪徒：

……中外商民相安已久，朝廷一視同仁，但分良莠，不分民教。各處匪徒如有影射教民，作奸犯科者即應隨時訪拏，詳細究明從嚴懲辦……。（註一二一）

天津教案議結，清廷爲設法避免教士在中國傳教所產生民教相爭，遂於同治九年十二月廿四日由總理衙門「函致各國駐京大臣書，幷商辦傳教章程八條」（註一二二）對天主教有所限制，如第二條規定各教堂內凡中國婦女概不准入堂，即外國女修士亦不准在中國傳教等。第六條傳教士當於收人入教之先，細訪其人有無作惡犯罪之事，當收者收之；不可收者去之。應照中國廟宇，知會地方保甲，登記冊內，便於查核。進教或出教名冊，一律呈報，按月按季登記總冊，呈送地方官。地方官按月按季得前往稽查。雖然這八條傳教章程有很多不客觀不切實際，違背和約且不公允的地方。但是清廷切願把民教衝突原因去掉，努力於避免教難的續發，只是沒有將教難發生原因，繼續深究擬定步驟以消弭教難於未來。但外國政府及使節並沒有接納清廷建議和中國政府合作認眞約束傳教士。天津教案之後民教相爭的局面，日趨惡化，終於釀成庚子年的拳匪之亂。直至清廷推翻，民國成立，信教自由獲得憲法上的保障，教會傳教享受到完全的自由，清代那種限制傳教的風氣已成過去了。

綜上所述天津教案的影響既廣且深，但研究一件歷史事件最重要的是能在研究中發現教訓，做爲後代的殷鑑。處理這種中外民衆紛爭的事件必須要快、直接，絕不可拖泥帶水否則事件由小而大，終至無法收拾的地方。

**【附註】**

註一　拙著《清代吏治探微》，頁一五二，文史哲出版社印行，民國八十年十一月。

註二　同前書，頁一七三—一九一。

註三　顧保鵠編著《中國天主教史大事年表》，頁三八，光啓社出版，民國五十九年十二月。

註四　「康熙與羅馬使節關係文書」，《文獻叢編》，頁一七〇。臺聯國風出版社印行。民國五十三年三月。

註五　郭廷以撰「中國近代化的延誤」，《大陸雜誌》，第一卷第二期，頁八。

註六　同註三、頁四六—四七。

註七　蕭一山著《清代通史》，卷中第四篇頁九七一—九七二臺灣商務印書館印行　民國六十一年一月。

註　八　張奉箴撰「鴉片戰後我國有關天主教傳教事業之文獻」，《輔仁學誌Ⅳ》頁一七五，民國六十年。

註　九　同註八、頁一七五—一七六。

註一〇　同註八、頁一七六。

註一一　同註八、頁一七六。

註一二　同註八、頁一七七。

註一三　同註八、頁一八五。

註一四　同註八、頁一八六。

註一五　同註八、頁一八六—一八七。

註一六　呂實強著《中國官紳反教的原因》（一八六〇—一八七四），中央研究院近代史研究所專刊第十六本，頁一〇五，民國五十五年八月。

註一七　《宮中檔》，第〇一一二六二號，咸豐九年十月九日恒福奏摺。

註一八　《軍機處檔》，第一〇一七二〇號，同治九年六月二十三日，曾國藩等奏摺錄副。

註一九　《軍機處檔》，第一〇二六三〇號，同治九年八月十五日，已革天津知縣劉傑後呈定供。

註二〇　同註一九，張守劉令家丁轎夫等口供。

註二一　同註一九，張革守親供內奉訊各條登覆。

註二二 《軍機處檔》，第一〇一三一九號，同治九年五月廿四日，崇厚奏摺錄副。
註二三 同註一九。
註二四 《軍機處檔》，第一〇二七四〇號，各國傷斃人口開列清單。
註二五 《軍機處檔》，第一〇三二八二號，津案賠償撫卹指撥銀兩由。
註二六 同註二十二。
註二七 《軍機處檔》，第一〇一三二七號，同治九年五月廿五日崇厚奏摺錄副。
註二八 《籌辦夷務始末》㈥同治朝七十二卷、二十六頁，台聯國風出版社印行，民國六十一年六月。
註二九 《籌辦夷務始末》㈥同治朝七十二卷、二十四頁。
註三〇 《軍機處檔》，第一〇一三一一號，同治九年五月二十二日曾國藩奏摺錄副。
註三一 《軍機處檔》，第一〇一三四六號，同治九年五月三十日，總理各國事務衙門恭親王奏摺。
註三二 《籌辦夷務始末》㈥同治朝卷七十二，三十一頁。
註三三 《軍機處檔》，第一〇三三五三號，同治九年十月一日奉旨崇厚奏摺錄副。
註三四 《軍機處檔》，第一〇一七七九號，給法國照會錄副。
註三五 《籌辦夷務始末》㈥同治朝卷七十二，三十四頁。
註三六 《軍機處檔》，第一〇一七一八號，同治九年六月初九日。法使羅淑亞照會錄副。
註三七 《軍機處檔》，第一〇一七二一號，同治九年六月二十一日，法使羅淑亞照會錄副。

註三八　請見註一八引文。
註三九　同註一八。
註四〇　同註二四。
註四一　《軍機處檔》，第一〇一七二五號，同治九年六月廿二日曾國藩附片錄副。
註四二　《軍機處檔》，第一〇一七一九號，同治九年六月廿三日給法國照覆。
註四三　《籌辦夷務始末》㈥同治朝七十三卷，二十六頁。
註四四　《軍機處檔》，第一〇一七八一號，同治九年六月廿四日法國羅淑亞照會。
註四五　《軍機處檔》，第一〇一七八二號，同治九年六月廿六日給法國照覆。
註四六　《籌辦夷務始末》㈥同治朝卷七十三，三十八頁。
註四七　《軍機處檔》，第一〇二〇三三號，同治九年六月廿七日，總理各國事務衙門摺。
註四八　《籌辦夷務始末》㈥同治朝卷七十三，十二頁。
註四九　《籌辦夷務始末》㈥同治朝卷七十三，二十頁。
註五〇　《軍機處檔》，第一〇一七八三號，同治九年六月廿八日，曾國藩奏摺錄副。
註五一　《軍機處檔》，第一〇一七八四號，同治九年六月廿八日，曾國藩附片錄副。
註五二　《籌辦夷務始末》㈥同治朝卷七十三，四十九頁。
註五三　同註五十二。

註五四《軍機處檔》，第一〇一九五八號奏摺錄副。
註五五《軍機處檔》，第一〇一九五七號，同治九年七月初七日，毛昶熙呈紅本信函。
註五六《軍機處檔》，第一〇一九三七號，同治九年七月初五日，李鴻章奏摺錄副。
註五七《軍機處檔》，第一〇二〇〇八號，同治九年七月初八日，丁日昌摺片錄副。
註五八《軍機處檔》，第一〇二〇〇六號，同治九年七月初八日，丁日昌奏摺錄副。
註五九《軍機處檔》，第一〇二二八五號，同治九年七月廿六日，丁日昌奏摺錄副。
註六〇《軍機處檔》，第一〇二〇五二號，同治九年七月十六日，總理事務衙門摺。
註六一《軍機處檔》，第一〇二〇九四號，同治九年七月十九日，成林摺片錄副。
註六二《軍機處檔》，第一〇二三一五號，同治九年七月二十六日，照錄法國給總理衙門的照會。
註六三《軍機處檔》，第一〇二二一六號，同治九年七月二十八日，總理衙門給法國照會。
註六四《軍機處檔》，第一〇二三一七號，同治九年七月三十日，照錄法國照會。
註六五《籌辦夷務始末》㈥同治朝卷七十四，九頁。
註六六《軍機處檔》，第一〇二三一四號，照錄譯出法使羅淑亞送到「天津滋事記」同治九年七月二十六日。
註六七《籌辦夷務始末》㈥同治朝卷七十六，十一頁。
註六八《軍機處檔》，第一〇二六二九號，同治九年八月十四日，軍機處恭呈御覽一片。

註六九　《軍機處檔》，第一〇二六三〇號，同治九年八月十五日呈覽已革府縣親供等件。
註七〇　《軍機處檔》，第一〇二六六二號，同治九年八月十八日，奉旨總理衙門摺。
註七一　《軍機處檔》，第一〇二六六三號，同治九年八月十八日，總理衙門須革員登覆各條。
註七二　《軍機處檔》，第一〇二六六六號，同治九年八月十八日，欽命總理各國事務衙門咨軍機處。
註七三　《軍機處檔》，第一〇二七九八號，同治九年八月廿三日，直隸總督曾國藩咨呈軍機處。
註七四　《軍機處檔》，第一〇二七九七號，同治九年八月廿三日，革職天津知府天津知縣的供摺。
註七五　《軍機處檔》，第一〇二七四七號，同治九年八月二十三日，曾國藩等摺片錄副。
註七六　同註七五。
註七七　《軍機處檔》，第一〇二八二九號，同治九年八月二十八日，曾國藩等奏摺錄副。
註七八　同註七七。
註七九　《軍機處檔》，第一〇三〇一五號，同治九年九月初十日，軍機營咨軍機處。
註八〇　《軍機處檔》，第一〇二七四一號，同治九年八月廿九日，奉旨曾國藩摺片錄副。
註八一　《籌辦夷務始末》㈦同治朝七十六卷，四十二頁。
註八二　《籌辦夷務始末》㈦同治朝七十七卷，二頁。
註八三　《軍機處檔》，第一〇三〇一七號，同治九年九月十一日，官文等奏摺錄副。
註八四　同註八三。

註八五　同註八三。
註八六　《大清穆宗毅皇帝實錄》卷二九〇，頁十八、同治九年九月甲戌諭旨。
註八七　《軍機處檔》，第一〇二七四六號，同治九年八月廿三日，丁日昌等奏摺錄副。
註八八　《籌辦夷務始末》㈦同治朝七十六卷，三十一頁。
註八九　同註八六。
註九〇　《軍機處檔》，第一〇三〇六八號，同治九年九月十三日，曾國藩等奏摺錄副。
註九一　《軍機處檔》，第一〇三〇六九號，清單。
註九二　《軍機處檔》，第一〇三一二六號，同治九年九月十五日，曾國藩等摺片錄副。
註九三　《大清穆宗毅皇帝實錄》卷二九〇，頁二十四、同治九年九月戊寅諭旨。
註九四　《大清穆宗毅皇帝實錄》卷二九一，頁四、同治九年九月辛巳諭旨。
註九五　《軍機處檔》，第一〇三二八二號，同治九年九月廿六日，總理衙門摺。
註九六　《軍機處檔》，第一〇三三三五號，總理衙門給法國使臣羅淑亞照會。
註九七　《軍機處檔》，第一〇三二一〇號，總理衙門摺。
註九八　《籌辦夷務始末》㈥同治朝七十三卷，三頁。
註九九　《籌辦夷務始末》㈥同治朝七十三卷，六頁。
註一〇〇　《軍機處檔》，第一〇三三五四號，崇厚片。

註一〇一　《軍機處檔》，第一〇三三五五號，清單。
註一〇二　《軍機處檔》，第一〇二二二二號，同治九年七月二十四日，崇厚咨文。
註一〇三　《軍機處檔》，第一〇三三五三號，同治九年十月一日，崇厚奏摺錄副。
註一〇四　《軍機處檔》，第一〇三一六三號，清朝致法國國書。
註一〇五　《軍機處檔》，第一〇八五四八號，總理衙門奏摺同治十年七月十七日。
註一〇六　《宮中檔》，第〇一三六九九號，內閣奉上諭。
註一〇七　《軍機處檔》，第一〇三〇八八號，同治九年九月十六日，尙書毛昶熙奏摺錄副。
註一〇八　《籌辦夷務始末》㈦同治朝七十八卷，二十五頁。
註一〇九　《籌辦夷務始末》㈦同治朝七十八卷，二十八頁。
註一一〇　《軍機處檔》，第一〇三一八〇號，同治九年九月二十三日，穆圖善奏摺錄副。
註一一一　《軍機處檔》，第一〇三五五號，同治九年九月二十六日，王家璧奏摺錄副。
註一一二　《軍機處檔》，第一〇二八四四號，同治九年九月二日，陳鴻翊奏摺錄副。
註一一三　《軍機處檔》，第一〇二七四二號，同治九年八月二十五日，丁日昌奏摺錄副。
註一一四　《軍機處檔》，第一〇三二一一號，同治九年九月二十四日，總理各國事務衙門摺。
註一一五　《軍機處檔》，第一〇二四九〇號，同治九年八月初七日，曾國藩奏摺錄副。「同治九年八月三日內閣奉上諭曾國藩著調兩江總督，未到任前著魁玉暫行兼署。直隸總督著李鴻章調任。」

註一一六　同註一一五。

註一一七　《軍機處檔》，第一〇二〇〇七號，同治九年七月十五日，丁日昌奏摺錄副。

註一一八　《軍機處檔》，第一〇二一〇九號，同治九年七月二十六日，給事中胡毓筠奏摺錄副。

註一一九　同註一一一。

註一二〇　《籌辦夷務始末》(七)同治朝七十五卷，三十四頁。

註一二一　張奉箴撰「鴉片戰後我國有關天主教傳教事業之文獻」，《輔仁學誌IV》頁一八七。

註一二二　同註一二一，頁一九〇——一九五。

附錄一

## 天津教案死難洋人國籍表

| 國　籍 | 姓　名 | 死難處 | 查收掩埋者 |
|---|---|---|---|
| 法國 | 豐大業（法國領事官） | 院浮橋東 | 英國領事李蔚悔查收 |
| | 席　孟（領事館秘書） | 院浮橋東 | |
| | 麥達生（商人） | 望河樓 | |
| | 麥達生夫人 | 望河樓 | |
| | 謝福音（傳教士） | 天主堂 | |
| | 吳福符（傳教士） | 天主堂 | |
| | 單美松 | 富昌洋行 | |
| | 單美松夫人 | 富昌洋行 | |
| 法　國 | 女屍一 | 仁慈堂 | |
| 英　國 | 女屍一 | | |
| 比　國 | 女屍二 | | |
| 美　國 | 女屍一 | | |
| 俄　國 | 波勒德波波幅（商人） | 由河內撈出 | 俄國領事官孔氣驗明掩埋 |
| | 麥理牙（婦人） | | |
| | 巴索幅（商人） | | |

附錄二

## 天津教案定案擬辦罪犯表

| 第一批擬定 | 馮癩子等正法者 | | 小錐五等輕罪者 | | 共計 |
|---|---|---|---|---|---|
| | 供證確實者 | 無供而有確證者 | 軍流 | 徒罪 | 二一人 |
| | 一一人 | 四人 | 四人 | 一七人 | |
| 第二批擬定 | 劉二，張二，崔馬子，張國順，喬二 | | 鄧老四，楊二，賈三，何四 | | 九人 |
| 小計 | 二〇人 | | 二五人 | | 三〇人 |

附錄三

## 天津教案賠償及撫卹銀兩分配及指撥表

| 項目<br>國名 | 賠償：錢數 | 賠償：指撥處及數量 | 撫卹：人口及錢數 | 撫卹：指撥處及數量 |
|---|---|---|---|---|
| 法國 | 二十一萬兩 | ①天津關六成洋稅撥十萬兩<br>②天津關八分經費節省銀撥五萬兩<br>③洋藥厘捐銀六萬兩 | 十三人口<br>二十五萬兩（內含英國、美國女修士各一名，比國二名，均由法國轉給） | ①江海關撥十五萬兩<br>②粵海關洋稅撥十萬兩 |
| 英國 | 由天津英領事伸請直隸總督核辦 | | | |
| 美國 | | | | |
| 俄國 | 無 | | 三人口<br>給卹銀三萬兩 | 戶部酌定撥給 |

# 天津教案大事記

同治九年　庚午（一八七〇）

五月二十三日（六、二一）天津民衆歐斃法領事豐大業，領事館秘書席孟及法英比義俄國教士修女及商人共二十餘人。

五月二十四日（六、二二）俄日美希比法英七國公使照請嚴懲天津教案兇犯。

五月二十五日（六、二三）命直督曾國藩馳赴天津查辦教案。

五月二十七日（六、二五）命將三口通商大臣崇厚，天津道周家勳，天津府張光藻，天津縣劉傑等先行交部議處。

五月三十日（六、二八）一、命三口通商大臣兵部侍郎崇厚充出使法國欽差大臣。

二、命各省督撫隨時保護通商傳教。

六月十六日（七、一四）曾國藩咨復總署辯洋人剜眼剖心之誣。

六月二十二日（七、二〇）羅淑亞請曾國藩以天津府縣及提督陳國瑞抵命，否則法水師到即便宜行事。二十四日再度照會。

六月二十五日（七、二三）一、命將天津知府張光藻，天津知縣劉傑革職治罪。
二、密諭沿海沿江各督撫等實力整頓海防。

六月二十八日（七、二六）命工部尙書毛昶熙，江蘇巡撫丁日昌赴津會辦教案。李鴻章酌帶郭松林等軍剋日馳赴近畿駐紮。

七月十三日　（八、九）命毛昶熙暫署三口通臣大臣。

八月三日　（八、二十九）調曾國藩爲兩江總督，李鴻章爲直隸總督。

九月十一日　（十、五）命將張光藻、劉傑發往黑龍江軍台効力。兇犯馮瘸子等十五名即行正法，小錐王五等二十一名發配軍流。

九月十五日　（十、九）命將津案兇犯第二批劉二等五名即行正法，鄧老四等四名發配軍流。

九月二十八日（十、廿二）一、天津教案議結：搶毀之天主堂，領事署、仁慈堂及商人財物計賠銀二十一萬兩，法比英義俄被戕人命計給卹銀二十八萬兩。
二、命各將軍督撫愼選州縣之官，以妥善處理與教士外人有關之事，俾免釁端。

十月二日　（十、廿五）出使法國大臣崇厚起程赴法。

十月二十八日（十一、廿）裁撤三口通商大臣，其應辦各事均歸直隸總督辦理並頒給欽差大臣關防。

十二月五日（一八七一、一、廿五）出使法國大臣崇厚抵法國馬塞。

**同治十年　辛未（一八七一）**

三月二十八日（五、十七）法外部代表熱夫類與出使法國大臣崇厚談天津教案。

十月十一日（十一、廿三）出使法國大臣崇厚爲天津教案向法總統致歉。

十月二十五日（十二、七）出使法國大臣崇厚離巴黎返國。

十二月二十日（一八七二、一、廿九）出使法國大臣崇厚安抵上海。並恭報回國日期。

# 參考書目

## ㈠檔案部分

《宮中檔》，（臺北，國立故宮博物院）。
《軍機處檔》，（臺北，國立故宮博物院）。
《籌辦夷務始末》，（臺北、臺聯國風出版社、民國六十一年六月）。

## ㈡官書部分

《大清穆宗毅皇帝實錄》，（華文書局，民國五十九年九月）。
《同治朝起居注冊》，（臺北，國立故宮博物院）。
《清史列傳》，（臺北，中華書局，民國五十三年八月。）
《清史稿》，（清史館，民國十六年），《清代史科彙編》上中下三冊。
「康熙朝與羅馬使節文書」《文獻叢編》，（臺北，臺聯國風出版社，民國五十三年三月）。

## ㈢專書部分

呂實强，《中國官紳反教的原因》，（臺北，中央研究院近代史研究所，民國五十五年八月）。
蕭一山，《清代通史》，（臺北，臺灣商務印書館，民國五十三年二月）。
唐瑞裕，《清代吏治探微》，（臺北，文史哲出版社，民國八十年十一月）。
顧保鵠，《中國天主教史大事年表》，（臺北，光啓社，民國五十九年二月）。
郭廷以，《近代中國史事日誌》，（臺北，中央研究院近代史研究所，民國五十二年三月）。
Cohen, PaulA: China and Christianity, the Missionary and the Growth of Chinese Antiforeignism, 1860-1870, Cambridge Mass, 1963.
Fairbank, Johnk: Patterns Behind the Tientsin Massacre 1957 V.20 P.480-511.

## (四)論文部分

呂實强，「晚清中國知識分子反對基督教的闢斥」（一八六〇—一八九八），（臺北，師大歷史學報第二期，民國六十三年二月）。
呂實强，「晚清中國知分子對基督教在華傳教目的的疑懼」，（一八六〇—一八九八），（臺北，師大歷史學報第三期，民國六十四年二月）。
呂實强，「晚清中國知識分子反教言論的分析之一—反教方法的倡議」，（一八六〇—一八九八），（臺北，《中央研究院近代史研究所集刊》，第四期，民國六十二年五月）。
李恩涵，「同治年間反基督教的言論」，《大陸雜誌》，第三十五卷三、四、五、六期，（臺北，民國五十六年八、九、十、十一月）。

查時傑，「中國基督教百年史評」，《近代中國史研究通訊》，第六期，（臺北，民國七十七年九月）。

林子候，「天津教案引起的臺灣籌防措施」，《台灣風物》，二十七期。

張奉箴，《基督教會》，「中國的宗教」，（臺北，輔仁大學）。

張奉箴，「鴉片戰後我國有關天主教傳教事業之文獻」，《輔仁學誌》，第四期，（臺北，輔仁大學，民國六十年）。

莊吉發，「清代教案史科搜集與編纂」，《清代史料論述》，（臺北，文史哲出版社）。

PaulA, Cohen「一九〇〇年前基督教傳教及其衝擊」，《劍橋中國史》，第十冊六三九—六九四頁，（臺北，南天書局，民國七十六年九月）。